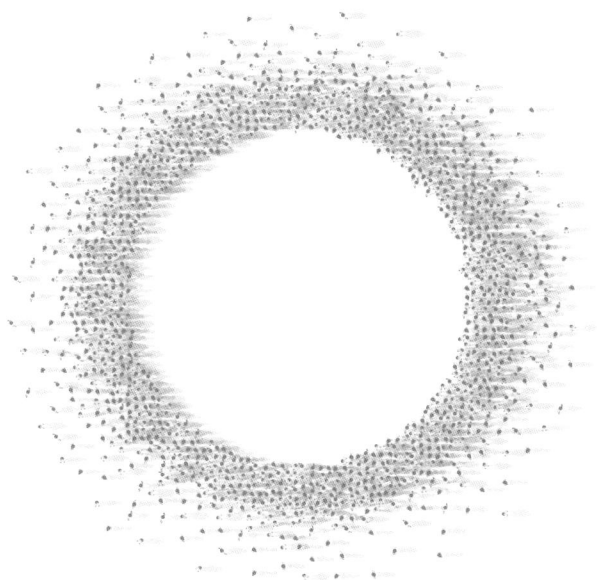

金融业就业

供求变动、能力提升及求职指引

曾湘泉　刘　璇●等著

复旦大学出版社

"高校毕业生金融业就业指引研究"
课题组 >>>

组　长

曾湘泉

副组长

刘　璇

成　员

王可心　毛宇飞　王相麾　蒋　智

裴先忠　黄　欢　沈旭琳　位晓琳

前言 ———————— P R E F A C E

　　金融业作为一个重要且热门的行业，其就业情况近来受到社会各界高度关注。在数字化、科技创新等因素驱动下，金融科技、数据分析、风险管理等相关岗位的需求不断增加，但传统的金融职位则趋于减少。此外，数字化对金融业求职者的能力也提出了更高的要求。除了要具备金融、经济、管理、统计、法律、信息技术等专业知识外，高校毕业生还需要具备一系列与实际工作相适应的硬能力和软能力，如数字化工具的使用能力、沟通能力、创新能力、团队协作能力等。本书基于金融业就业市场供求背景，对数字化驱动下的金融业就业技能变化及现状进行了分析，并就高校毕业生群体在该行业的就业前景进行了展望。

　　本书分为引言、文献回顾、研究内容及附录。第 1 章引言介绍了研究背景和研究方法。第 2 章是文献回顾，重点回顾了新人力资本理论相关文献。第 3 章至第 5 章分别就金融业高校毕业生就业市场的供求状况、金融业对高校毕业生的知识和能力要求、进入金融业后的毕业生职业前景等进行了分析和探讨。

　　通过对招聘大数据的分析，可以看到当前高校毕业生就业压力不断增加，金融业的供需矛盾更为突出，就业景气指数处于行业平均水平之下。在银行、保险、证券/基金/期货/投资三大行业中，银行业的中国就业市场景气指数（CIER 指数）尤其低。从岗位角度来看，中后台岗位，如财务和合规风控/法务/律师的波动较小，CIER 指数一直处于较低水平，而投融资和银行及金融服务等方面岗位受经济影响更大，CIER 指数波动较大。从地区来看，东中西区域的 CIER 指数无显著差异。从城市来看，新一线城市的需求和供给增势明显，相较于一线城市来说，新一线城市的 CIER 指数更高。

在对金融业供求现状进行宏观和总量分析后，本书从微观和结构的角度，对 2023 届在金融业求职的毕业生的画像进行了刻画。投向金融业的管理类毕业生专业集中于会计学以及财务管理等财会类方向，经济类毕业生的专业集中在金融学、经济学等，管理类毕业生投递简历的人数比经济类多。投向金融业的毕业生所在院校以财经类院校居多。此外，2023 届投向金融业的毕业生中，具有大专、本科和研究生学历的人数占比分别为 16%、61% 以及 22%。本科生和研究生的投递时间存在差异，本科生集中于春招投递，而研究生更多集中在秋招投递。在投向金融业的高校毕业生中，来自国内双一流高校的毕业生占比约为 16%。

金融业对高校毕业生知识和能力的要求分为硬技能和软技能两部分，具体包括四项硬技能和 11 项软技能。从专业知识的角度来看，注册会计师（CPA）、英国特许公认会计师（ACCA）、北美精算师以及证券/基金从业资格证等证书在金融业各个领域都具有含金量。从能力的角度来看，对比金融各行业，硬技能方面，银行业和保险业更强调数字化工具应用，而证券基金业强调数据分析能力。软技能方面，无论在哪个行业，无论前台、中台还是后台，沟通表达、团队合作、职业操守几乎都是最重要的技能，其中，保险业尤为看重职业操守。此外，学习能力、自驱力、抗压能力、耐心细致等也被列入值得关注的能力范围。保密意识、风险意识、创新能力等的重要性排序相对往后。

本书认为，保持个人兴趣，认识自身优势并培养个人竞争力，努力整合一些有用的校内外资源，重视实习以及考取资格证书，对个人成功入职尤为重要。报告还对高校毕业生普遍关注的三类岗位

（银行管培生、基金行业分析师和证券业中后台岗位）以及金融业的市场招聘薪酬等进行了介绍和展示。

本书的附录部分提供了课题组研究过程中对 4 位优秀毕业生访谈后的案例总结。这些优秀毕业生分别来自银行、保险公司以及证券机构，他们提供的求职意见和建议实用且具体，并具有一定的代表性，相信能够为毕业生在金融业求职和实现就业提供有益的启发和帮助。

最后，感谢国家自然科学基金面上项目"'新冠肺炎'突发危机事件对就业市场影响研究"（72073138）、中国青年创业就业基金会"高校应届毕业生金融业就业指引研究"对开展这项研究工作的资助，感谢复旦大学出版社对本报告顺利出版的大力支持。

曾湘泉

2024 年 12 月 18 日

目录 ———————— CONTENTS

第 1 章

引　言

1.1　研究背景

　　青年失业作为一个全球性的社会问题,一直备受关注。在许多国家和地区,青年失业率持续高企,给社会、家庭和个人带来了严重的经济和社会压力。2023 年,我国高校毕业生的规模达到 1 158 万人[1],受新冠疫情等因素影响,经济下行压力增大,招聘需求并未明显增加,这一群体就业难成为社会各界高度关注的问题。中国人民大学中国就业研究所利用智联招聘平台大数据发布的CIER 指数表明,高校毕业生的就业市场正处在历史低位水平。在这一背景下,研究在新冠疫情之后如何应对青年失业难题,为青年提供就业指引,变得尤为重要。

　　受大环境影响,金融业作为一个重要且热门的就业领域,其就业市场的供求矛盾同样十分突出。近年来,在数字化、科技创新等因素驱动下,金融科技、数据分析、风险管理等相关岗位需求不断增加,但传统的金融职位则趋于减少。此外,数字化对求职者的能力也提出了更高要求。除了要具备金融、经济、管理、统计、法律、信息

---

[1]　光明日报. 加强建设教育强国,办好人民满意的教育 [EB/OL]. (2023-07-07)[2024-10-08]. http://www.moe.gov.cn/jyb_xwfb/xw_zt/moe_357/2023/2023_zt10/xwfbh/fbhmtbd/202307/t20230707_1067627.html.

技术等专业知识外，高校毕业生还需要具备一系列与实际工作相适应的硬能力和软能力，如数字化工具的使用能力、沟通能力、创新能力、团队协作能力等。

除了上述供求数量失衡和技术变化导致的技能错配外，学生对自身和企业缺乏认识也成为一个普遍存在且不断加剧的现象。一方面，企业越来越重视员工的软技能，如责任心、人际交往能力、学习能力等；另一方面，学生却并未意识到这些能力远比专业知识（甚至计算机能力等硬技能）更为重要[1]。除了对就业能力的认知差异外，实际就业能力不足，即高校毕业生缺乏与市场需求匹配的关键知识和技能，也成为一个十分突出的问题。这种不匹配不仅对个体造成就业困难以及"毕业即失业"的风险，而且其导致的结构性失业也会对整体经济和社会稳定造成严重的负面影响。

基于以上原因，我们开展了"高校毕业生金融业就业指引研究"这一课题，并基于此完成本书研究。希望通过这项研究，深入分析金融业发展趋势、技能要求，毕业生能力短板等，为未来进入金融业就业的高校毕业生提供一些重要的职业发展信息和就业方向指引，同时也能为高校金融相关人才培养改革提供一些重要参考。

1.2　研究内容

本书针对三个方面的问题进行了分析和探讨。

• 金融业的招聘需求和供给状况如何？对这一问题的讨论包括近年来受新冠疫情影响，招聘总需求和总供给的变化，以及金融业内不同行业、不同职业和不同区域的招聘需求等。这一部分还讨论

---

[1] 曾湘泉，牛玲. 大学生就业能力与就业战略 [J]. 中国大学生就业，2009（4）：29—31.

了哪些学生在求职过程中将简历投向金融业。2023 届投向金融业的毕业生群体画像是这部分重点讨论的问题之一。

• 金融机构在招聘中关注高校毕业生的哪些能力？基于国际前沿的新人力资本理论，本书不仅从金融业工作所需的硬技能，还特别从软技能（学术界称之为"非认知技能"）的角度，结合金融业前中后台不同需求和特点，进行了异质性分析。

• 金融业的典型职位有哪些？招聘市场的薪资情况如何？如何进行自我求职规划以选择适合自己的职业？本书通过相关分析，希望能为未来期望进入金融业的毕业生提供一些求职建议。

本书其他章节的安排如下。第 2 章是文献综述，这部分重点回顾了金融业的就业现状以及与软技能相关的新人力资本理论。第 3 章描绘了近年来高校毕业生金融业就业市场的供求状况，包括金融业整体供求现状，以及不同行业和职业、不同区域和城市的供求情况等。第 4 章介绍了金融业的能力要求，包括所需的证书，以及硬技能和软技能要求等。第 5 章为个体求职提供了一些意见和建议，包括寻找个人兴趣所在、发现个人能力强项和培养个人竞争力，金融业热门岗位的工作职责以及职业发展路径，金融业常见岗位的招聘薪酬，等等。第 6 章总结了上述研究结论，并针对高校毕业生就业面临的机遇和挑战，就政府、高校、企业等各方如何进一步推进改革，积极发挥各自作用，提出了一些具体的政策意见和建议。

在附录部分，本书提供了几位优秀毕业生接受访谈的案例。通过他们求职及入职后的经验分享，期待能为有意进入金融业就业的高校毕业生提供一些启发和帮助。

1.3　研究方法

本书采用了文献回顾、大数据分析、问卷调查、深度访谈等分析方法。

1.3.1 文献回顾

本书与以下三类文献相关。一是金融业的就业市场研究，包括对金融业的高工资以及其吸引了大量优秀的高校毕业生的现象的研究和分析。二是对人力资本作用的分析。从宏观角度来看，人力资本与技术进步以及经济增长密切相关。从微观角度来看，人力资本能够提高个体劳动力的市场表现。三是对软技能的研究和讨论，包括软技能层次划分和岗位能力特征、能力的培养与提高等。通过对这些文献进行归纳和梳理，我们掌握了现有研究中普遍认可的就业能力标准、分类以及研究现状，并对其进行了简要总结和评述。

关于金融业就业指引的相关文献可分为三类。一是只针对某特定金融岗位撰写的就业指引，这类似于职位说明书。尽管这类指引介绍了金融岗位的日常工作，但整体而言，仍不够全面和深入。二是针对行业整体的求职指导，包括如何撰写简历、如何面试、如何培养能力等。这类指引过于具体，类似于就业市场上的求职指导。三是由国外部分著名高校就业指导中心撰写的就业指引。这类指引既包括对金融业的概览，又包括详细的求职技巧，因此在职业规划部分，本书借鉴了这类指引涉及的研究内容和呈现方式。

1.3.2 大数据分析

大数据分析是基于网络招聘平台所收集的招聘信息，在公司名称和投递者匿名化处理的情况下，客观描绘招聘和求职市场上整体情况的方法。本书中，大数据主要应用于四部分内容。一是计算CIER 指数，即分析金融业供求情况。二是通过对金融业内不同公司在官网上刊登的招聘广告进行词频分析，确定企业在招聘中关注的岗位和关键技能。三是分析 2023 届投向金融业的毕业生群体画像。在供给端，我们提取了 2022 年 7 月—2023 年 6 月的上百万条数据，分析了该招聘网站上向金融业投递简历的全部高校毕业生的情况，包括其毕业院校、所学专业、投递时间等。四是分析各金融机构公开发布的招聘薪酬数据。在需求端，我们提取了 2023 年第三季度的上万条数据，针对金融业各岗位的薪酬进行了分析。

1.3.3　问卷调查

为获取关于高校毕业生就业能力的数据，我们设计了一个结构化的调查问卷。内容涵盖：①个人信息，如性别、学历、工作年限、岗位等；②就业能力重要性评价，包括证书、硬技能、软技能等；③高校毕业生就业能力现状；④不同就业能力考察方式等。在中国人才研究会金融专业人才委员会以及中信证券、中国人寿、华夏银行等金融机构的帮助下，进行两次试调查后，课题组通过线上调查平台，向全国各地富有经验的金融从业者发放问卷链接，最终收集了来自 29 个省（自治区、直辖市）的 629 份问卷。其中，银行业 173 份，保险业 147 份，证券业 255 份，泛资管行业 54 份。问卷填写者所在企业的性质包括国有企业、股份制企业以及民营企业，企业员工规模从 100 人以下到 10 000 人以上不等，填写者个人的平均工作年限超过 10 年。在问卷调查过程中，我们发现答卷数量从 500 份增加至 600 份以上时，问卷结论并没有发生改变，表明调查样本对总体的代表性较为稳定。

1.3.4　深度访谈

深度访谈的第一部分内容是与金融企业的访谈，以了解金融业人力资源相关情况。通过与华夏银行、兴业银行、中国银行（香港）等银行相关人员的访谈，深入了解银行业整体的发展趋势以及境内外发展的差异。通过与中国人寿保险及中国人寿资产管理公司相关人员的交流，深入了解保险业高校毕业生的现状及面临的突出问题。通过与中信证券、光大证券相关人员的讨论，进一步了解头部和中部券商在招聘数量和质量上的差异等。通过与华夏基金的基金经理和人力资源部门的访谈，了解高校毕业生通过校招方式进入基金行业需要具备的能力及素质等。

深度访谈的第二部分内容是与相关学院、学校就业指导中心的访谈。通过与广东金融学院的就业指导中心负责人和相关院系教师的访谈，进一步了解当前高校金融专业毕业生的择业倾向和态度，以及学校就业指导工作面临的挑战等。

深度访谈的第三部分内容是与优秀毕业生的访谈，以收集他们对高校毕业生进入金融业的求职建议。考虑到访谈对象的代表性，课题组选择的优秀毕业生涉及证券业的前台，保险业前台和中后台，以及银行业前台等岗位，毕业学校含海外院校、"985 工程"学校、"211 工程"学校以及"双非"院校等，工作经验由一年到十年不等。访谈结果表明，访谈案例对具有不同背景、不同求职意向的毕业生在金融业实现就业能够提供一些重要启示和帮助。

第 2 章

文 献 回 顾

2.1　金融业劳动力市场

　　金融业是现代服务业的重要组成部分，其从业者的数量和质量都在不断提升。周丽萍和岳昌君等利用 2009—2017 年全国高校毕业生就业调查数据研究发现，金融业的就业比例存在明显上升的趋势，从 2009 年的 6.3% 上升至 2015 年的 15.2%，金融业成为毕业生就业占比最大的行业。虽然 2017 年占比略微下降，为 12.9%，但仍然稳居第一[1]。除了进入金融业就业的人数不断增加之外，另一个值得关注的现象是：大量顶尖毕业生都选择进入金融业工作。一项研究表明，1980—2019 年，美国金融业吸引着科学、技术、工程和数学（STEM）领域最聪明的毕业生。在达到工作黄金年龄段的能力顶峰时，STEM 向金融领域的再分配更为明显[2]。

　　金融业人才的工资回报明显高于其他行业。一项基于高校毕业生的研究表明，与具有相似概率进入信息技术（IT）业和金融业却未进入的毕业生相比，进入 IT 业和金融业的毕业生的工资起薪至

［1］ 周丽萍，岳昌君. 高校毕业生行业收入差距成因探析 ［J］. 复旦教育论坛，2021，
　　　 19（3）：61—68.
［2］ Marin G, Vona F. Finance and the reallocation of scientific, engineering and
　　　 mathematical talent[J]. Research Policy, 2023, 52(5): 104757.

少高 15%（约 750 元/月）[1]。通过职业转换进入（或退出）金融业的员工工资会增加（或减少）22%[2]。美国在 1980 年前，金融业工资比其他行业高 5%～10%；到 1990 年，这一数字达到 20%；到 2014 年，金融业工资增加至其他行业的 170%[3]。导致金融业高工资的原因之一是该行业对人才需求的不断增加。因此，我们有必要讨论金融业的人力资本问题。

2.2 人力资本与经济增长

人力资本是"存在于人体之中的具有经济价值的知识、技能和体力（健康状况）等质量因素之和"，这一概念在 20 世纪 60 年代由舒尔茨[4]和贝克尔[5]等学者提出。与此同时，经济增长问题也开始受到广泛关注。索洛在其论文中提出了经典的"索洛残差"（Solow residual）的概念[6]。这是指除劳动和资本投资贡献外，由综合要素生产率带来的产出的增长。综合要素生产率是指同样数量规模的劳动和资本投入下，因人力资本投资和技术进步而导致的产出额外增加。由于这种生产率难以区分劳动和资本，故被称为全要素生产率。此

[1] 周丽萍，岳昌君. 经济新常态下的高校毕业生行业收入差距研究——基于 2009—2015 年全国高校毕业生抽样调查数据的实证分析 [J]. 教育与经济，2017（6）：51—59.
[2] Celerier C, Vallee B. Returns to talent and the finance wage premium[J]. The Review of Financial Studies, 2019, 32(10): 4005-4040.
[3] Böhm M J, Metzger D, Strömberg P. "Since you're so rich, you must be really smart": talent, rent sharing, and the finance wage premium [J]. Review of Economic Studies, 2023, 90(5): 2215-2260.
[4] Schultz T W. Investment in human capital[J]. The American Economic Review, 1961, 51(1): 1-17.
[5] Becker G S. Investment in human capital: a theoretical analysis[J]. Journal of Political Economy, 1962, 70(5): 9-49.
[6] Solow R M. Technical change and the aggregate production function[J]. The Review of Economics and Statistics, 1957, 39(3): 312-320.

后，关于人力资本对经济增长贡献的研究受到了学者们的广泛关注。

卢卡斯将劳动力和人力资本结合在一起，提出了人力资本溢出模型，分析人力资本和物质资本对经济增长的贡献[1]。罗默提出了新的增长模型。在这个模型中，增长是由技术变革驱动的。技术作为一种投入的显著特征是：它既不是一种传统产品，也不是一种公共产品；它是一种非竞争性、部分排他性的商品。非竞争性商品带来了非凸性，使价格竞争无法得到支持；相反，这种均衡是一种垄断竞争。因此，人力资本存量决定增长率，拥有大量人口不足以产生增长[2]。

在理论不断发展的同时，实证分析也在经济学中流行开来。曼昆、罗默和威尔进一步把人力资本作为独立的生产要素引入索洛模型，用劳动年龄人口中的中学入学率来衡量人力资本，构建了一个包含人力资本要素的外生经济增长模型（MRW 模型）。他们还采用 MRW 模型对跨国数据进行了实证分析，表明索洛模型在加入人力资本积累后改善了回归结果，且人力资本与经济增长呈现正相关的关系，这也能较好地解释跨国的收入差异问题[3]。近年来，黄依梵等也对此进行了研究，采用 1990—2014 年共 143 个国家和地区的面板数据，把人力资本要素引入索洛模型，比较经济增长对人力资本和物质资本的产出弹性，发现国内生产总值（gross domestic product，GDP）对于人力资本的弹性要大于对物质资本的弹性[4]。

［1］ Lucas R E. On the mechanics of economic development[J]. Journal of Monetary Economics, 1988, 22(1): 3-42.
［2］ Romer P M. Endogenous technological change[J]. Journal of Political Economy, 1990, 98(5): 71-102.
［3］ Mankiw N G, Romer D, Weil D N. A contribution to the empirics of economic growth[J]. Quarterly Journal of Economics, 1992, 107(2): 407-437.
［4］ 黄依梵，丁小浩，陈然，等. 人力资本和物质资本对经济增长贡献的一个实证分析——纪念人力资本理论诞生六十周年 [J]. 华东师范大学学报（教育科学版），2020，38（10）：21—33.

从宏观角度来看，人力资本对于经济增长具有重要作用。从微观角度来看，人力资本对于个体劳动力市场表现具有重要作用。由于不易测量，人的能力被视为天生给定的。基于此，在大量的微观经济学实证研究中，教育被简单地作为潜在能力的代理变量。即使在关注能力概念的传统人力资本报告中，往往也会将能力片面理解为认知能力，忽略了非认知能力的存在[1]。在现代社会，传统人力资本的解释力在不断下降，由此海克曼等学者提出了新人力资本理论的分析框架[2]。

2.3　新人力资本与个体收入

新人力资本理论认为，能力不仅包括传统人力资本关注的教育，即认知能力，还应包括软技能，即非认知能力。国际学界公认的非认知能力测量通常可以采用"大五人格"量表，即开放性（openness）、尽责性（conscientiousness）、外倾性（extraversion）、宜人性（agreeableness）和神经质（neuroticism）五个维度。

非认知能力会影响个体的劳动力市场表现，主要体现在"大学到工作"这个阶段。哈佛大学教授戴明的一项研究表明，包括参与社团、体育活动、外向性格等在内的社交能力在劳动力市场上发挥着越来越重要的作用，尤其是对数学技能和社交技能都要求较高的工作岗位的就业和工资增长尤为强劲[3]。具备沟通技巧、准时、

[1] 李晓曼，曾湘泉. 新人力资本理论——基于能力的人力资本理论研究动态 [J]. 经济学动态，2012（11）：120-126.

[2] Heckman J J, Stixrud J, Urzua, S. The effects of cognitive and noncognitive abilities on labor market outcomes and social behavior [J]. Journal of Labor Economics, 2006, 24(3): 411-482.

[3] Deming D J. The growing importance of social skills in the labor market [J]. Quarterly Journal of Economics, 2017, 132(4): 1593-1640.

可以信赖等品质都是雇主非常看重的[1]。随着收入分位数水平的提高，非认知能力对劳动者工资性收入的影响下降。男性和女性的非认知能力收入回报也存在明显差异，女性非认知能力对个体工资性收入的影响更大[2]。

　　随着研究的不断深入，学者们开始针对具体的一项能力展开研究。例如，对决策能力的研究表明，当前机器越来越多地取代人来从事日常工作，剩下的任务要求员工做出开放式的决定，员工应具备解决问题的这类软技能。1960—2017 年，美国的员工的职业收入增长了一倍多，收入峰值的年龄从 30 多岁增加到 50 多岁。这种转变的很大一部分可由决策密集型职业的就业增加来解释，这些职业的收入增长周期更长，增长也更缓慢[3]。还有一项对参与者从童年早期到退休的跟踪调查的研究发现，当职业成功被定义为内在成功（工作满意度）以及外在成功（收入和职业地位）两个维度时，责任心对内在和外在的职业成功都有正向的影响[4]。不同的非认知能力对不同性别的人的劳动力市场表现具有不同的影响。乐君杰和胡博文基于"大五人格"模型的研究表明，情绪稳定性和宜人性对于女性劳动者更为重要，而尽责性则对男性劳动者影响更大[5]。鉴于就业能力对毕业生就业的重要影响，就业能力的培养

［1］ Heller S B, Kessler J B. Soft skills in the youth labor market[J]. AEA Papers and Proceedings, 2022, 112: 121-125.

［2］ 王春超，张承莎. 非认知能力与工资性收入 [J]. 世界经济，2019，42（3）：143—167.

［3］ Deming D J. The growing importance of decision-making on the job[C]. National Bureau of Economic Research Working Paper Series, 2021, No. 28733.

［4］ Judge T A, Higgins C A, Thoresen C J, et al. The big five personality traits, general mental ability, and career success across the life span [J]. Personnel Psychology, 1999, 52(3): 621-652.

［5］ 乐君杰，胡博文. 非认知能力对劳动者工资收入的影响 [J]. 中国人口科学，2017（4）：66—76，127.

和提升成为关键问题[1]。

2.4　非认知能力的培养与提升

　　关于软技能的划分，熊通成和曾湘泉曾提出"金字塔模型"，该模型将软技能划分为应用层、修炼层以及天赋层，如图 2-1 所示。天赋层软技能是一个人先天形成的技能，家庭影响和教育与开发的影响更多发生在孩童早期时代。成年后的教育与开发对天赋层软技能的影响更多是天赋层软技能的显性化，从本质上讲不会有太大影响，但重大事件的刺激除外。修炼层软技能的形成和发展受到天赋层软技能、家庭影响以及教育与开发的多重影响。家庭对一个人的修炼层软技能影响较大，并伴随其价值观的形成、习惯的养成过程而产生。教育与开发对修炼层软技能的形成同样作用很大，尤其是早期教育与开发。此外，情境化训练和激励约束机制也会对修炼层软技能产生影响。应用层软技能的形成和发展受到了修炼层软技能、情境化训练和激励约束机制的多重影响[2]。

　　实证研究表明，个体的能力既取决于先天基因，又受后天环境的影响。从代际流动的角度来看，孩子的认知能力和劳动力市场结果与父母的认知和非认知能力密切相关[3]。孩子的非认知能力也与家庭有关。同一个家庭的兄弟姐妹非认知能力的相关性在 0.22～0.46，表明这些非认知技能的差异至少有五分之一是由共同的兄弟

［1］ Deming D J. Four facts about human capital [J]. Journal of Economic Perspectives, 2022, 36(3): 75-102.

［2］ 熊通成，曾湘泉. 关于软技能若干问题的研究 [J]. 中国人力资源开发，2010 (5)：8—12.

［3］ Grönqvist E, Öckert B, Vlachos J. The intergenerational transmission of cognitive and noncognitive abilities[J]. Journal of Human Resources, 2017, 52(4): 887-918.

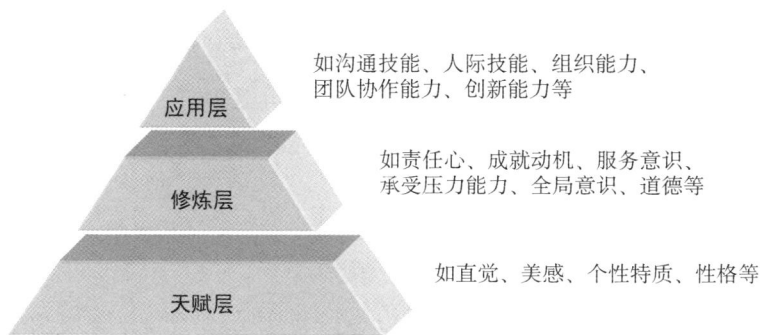

图 2-1　软技能"金字塔模型"

姐妹相关因素造成的[1]。孩子的非认知能力应该及早培养和提升。越早期的人力资本投资的回报越高，后期并不能完全弥补早期形成的技能缺陷[2]。

　　在大学期间，可以通过实习提高非认知能力，以此提高劳动力市场表现。一项基于 2003—2021 年的调查显示，从毕业生的视角来看，工作能力强和有相关实习或工作经历是影响就业结果最重要的两个因素[3]。卿石松和曾湘泉研究发现：与专业相关的实习经历有利于提高就业能力，如果是与专业无关的实习经历，则对毕业生的就业和起薪都没有影响[4]。现实情况是，毕业生的整体就业能力常常低于管理者的预期。一项针对中国大学生的调查显示，刚

[1] Anger S, Schnitzlein D D. Cognitive skills, non-cognitive skills, and family background: evidence from sibling correlations [J]. Journal of Population Economics, 2017, 30(2): 591-620.

[2] Cunha F, Heckman J. The technology of skill formation[J]. American Economic Review, 2007, 97(2): 31-47.

[3] 岳昌君, 冯沁雪, 辛晓佳, 等. 中国高校毕业生就业趋势研究报告：来自 2003—2021 年调查数据 [J]. 华东师范大学学报（教育科学版）, 2023, 41 (9): 138—154.

[4] 卿石松, 曾湘泉. 就业能力、实习经历与高校毕业生就业——基于山东省 2007 届高校毕业生的实证检验 [J]. 中国人口科学, 2009 (6): 102—108.

毕业的大学生存在"责任心较差"和"不能吃苦耐劳"等现象[1]，而这种现象在各行业内普遍存在。进入银行业的毕业生在倾听、解决问题、沟通、领导能力、人际关系、分析能力、自我管理和批判性思维等方面同样与管理者的预期存在显著的差距[2]。

2.5　金融业能力表现

除了学术文献外，两份与金融业就业能力相关的研究报告值得参考。其中一份是由麦可思研究院主编的《2023 年中国本科生就业报告》。在这一报告中，麦可思研究院参考美国职场基本素养达成秘书委员会（SCANS）提出的标准，把基本工作能力分为五大类，包括理解与交流能力、科学思维能力、管理能力、应用分析能力、动手能力，这五大类又包含 35 个小项[3]。此外，该报告还定义了基本工作能力的满足度，即毕业时掌握的基本工作能力水平满足社会初始岗位的工作要求水平的百分比，100% 为完全满足。满足度计算公式的分子是毕业时掌握的基本工作能力水平，分母是工作要求的水平。表 2-1 展示了金融业最重要的前三项基本工作能力及其满足度。

---

[1] 王霆，杨玉梅，张瑾. 高校毕业生就业状况及就业问题研究——基于企业用人单位、高校教师和毕业生的调查 [J]. 黑龙江高教研究，2010（10）：93—97.

[2] Abbasi F K, Ali A, Bibi, N. Analysis of skill gap for business graduates: managerial perspective from banking industry[J]. Education + Training, 2018, 60 (4): 354-367.

[3] 理解与交流能力包括理解性阅读、积极聆听、有效的口头沟通、积极学习、学习方法、理解他人、服务他人；科学思维能力包括针对性写作、数学解法、科学分析、逻辑思维；管理能力包括绩效监督、协调安排、说服他人、谈判技能、指导他人、解决复杂的问题、判断和决策、时间管理、财务管理、物资管理、人力资源管理；应用分析能力包括设计思维、技术设计、设备选择、质量控制分析、操作监控、操作和控制、设备维护、疑难排解、系统分析、系统评估；动手能力包括安装能力、电脑编程、维修机器和系统。

表2-1　麦可思金融业最重要的前三项基本工作能力及其满足度

职业名称	最重要的前三项基本工作能力	能力满足度（%）
金融（银行/基金/证券/期货/理财）	服务他人	88
	积极学习	89
	有效的口头沟通	88
保险	说服他人	87
	服务他人	92
	有效的口头沟通	92

　　另一份研究报告是《2022年度上海市金融行业高校毕业生就业指引》。这一报告列出了金融业素质要求的重要性排序。从表2-2中可以看出，沟通能力、问题解决能力和专业知识是三项重要的通用能力。

表2-2　上海金融三大行业校招素质要求重要性排序

银行业（%）		保险业（%）		证券基金业（%）	
沟通能力	81.82	专业知识	80	专业知识	100
问题解决能力	54.55	问题解决能力	80	问题解决能力	72.73
专业知识	45.45	沟通能力	60	沟通能力	63.64
协作能力	36.36	稳定性	40	自我思考能力	27.27
稳定性	36.36	自我思考能力	20	协作能力	27.27

　　表2-3展示了《2022年度上海市金融行业高校毕业生就业指引》关于能力素质弱项的调查结果。对于高校毕业生来说，从整个金融业来看，问题解决能力、协作能力、稳定性、相关实习经验和自我思考能力是五项毕业生较弱的能力项。以稳定性为例，有63.64%的银行对往届毕业生的稳定性做出了负面评价。

表 2-3　上海金融三大行业对往届毕业生能力素质弱项的评价

银行业（%）		保险业（%）		证券基金业（%）	
稳定性	63.64	问题解决能力	60	问题解决能力	81.82
问题解决能力	54.55	协作能力	60	协作能力	45.45
协作能力	36.36	稳定性	60	专业知识	36.36
相关实习经验	27.27	相关实习经验	40	自我思考能力	36.36
自我思考能力	27.27	专业知识	40	稳定性	36.36
沟通能力	27.27	自我思考能力	20	相关实习经验	27.27
自我管理能力	27.27	沟通能力	20	自我管理能力	18.18

　　尽管上述两份研究报告对高校毕业生在金融业就业所需的能力进行了分析，并具有一定的参考价值，但仍存在两个明显的缺陷：一是研究视角缺乏理论基础；二是未能聚焦国内金融业企业实际招聘需求，特别是未能充分利用招聘平台拥有的招聘广告大数据展开分析。尽管麦可思研究院报告覆盖各个行业，采用基于美国所有职业构造的基本工作能力，但其中的应用分析能力并不完全适用于我国金融业等服务行业，且该报告仅针对本科生就业能力进行分析，研究范围有一定的局限。《2022 年度上海市金融行业高校毕业生就业指引》主要以上海 50 家金融机构为样本进行分析，调查样本有限，更重要的是缺乏针对前中后台岗位异质性的深入研究和分析。

　　通过已有文献，我们已知就业能力的重要性和当前高校毕业生就业能力不足的事实，但对哪些能力更为重要和毕业生哪些能力欠缺仍不够清晰、具体和明确。本书基于国际前沿的新人力资本理论，采用公开发布的网络招聘平台大数据，借助深度访谈、问卷调查等方法进一步展开了深入分析和研究。

●●●● **第3章**

高校毕业生金融业招聘及
求职现状 *

3.1　高校毕业生金融业就业市场总体情况

近年来，我国高校毕业生就业市场总量压力上升，结构矛盾突出，青年失业率居高不下，2023 年第二季度高校毕业生 CIER 指数[1]为 0.42，已创下 2021 年第三季度下降以来的历史低点（见图 3-1）。

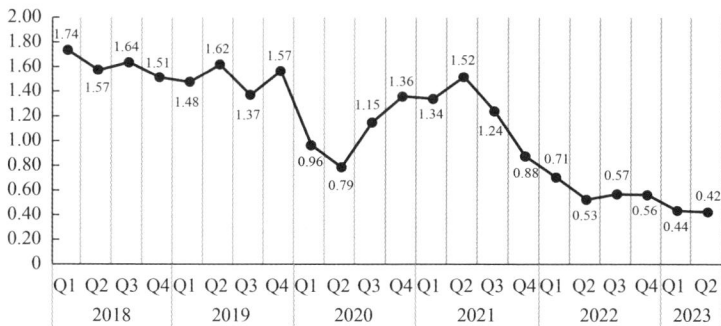

图 3-1　高校毕业生 CIER 指数变化（季度）

---

* 本章内容根据作者已发表的相关论文改写而成。曾湘泉，王可心，毛宇飞. 高校毕业生金融业就业市场景气报告 [J]. 中国经济报告，2024（2）：105—130.

[1]　CIER 指数的计算方法是：CIER＝招聘需求总人数÷求职总人数。指数越高，景气程度越好；指数越低，景气程度越差。

　　与整体高校毕业生的就业状况类似，高校毕业生金融业就业景气程度也整体下降。CIER 指数从 2021 年第一季度的 1.59 降至 2022 年第二季度的 0.41，2023 年第二季度有所回升，但仍维持在 0.57 的较低水平。CIER 指数的下降主要源于高校毕业生供给的大幅度上升，而需求没有明显的上升，甚至有小幅度的下降，如图 3-2 所示。

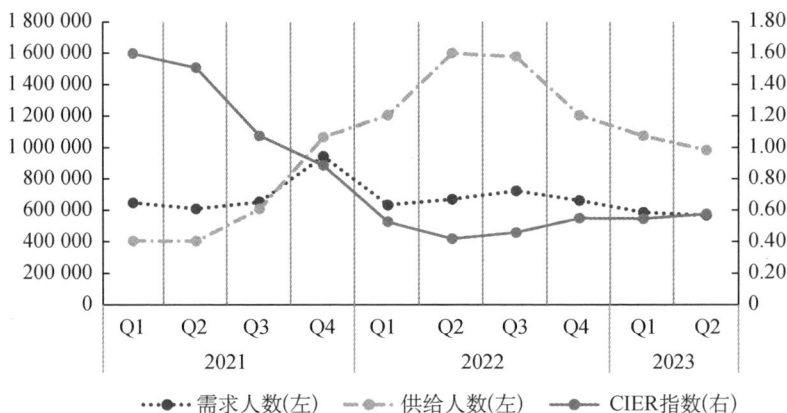

图 3-2　金融业高校毕业生 CIER 指数及供求变化（季度）

　　图 3-3 展示的是 2020 年第四季度至 2023 年第三季度总体和金融业招聘需求相对于基期的变化情况。从图中可以明显看出，与 2020 年第三季度相比，总体和金融业的招聘需求均出现了收缩的态势。总体招聘需求在统计期内持续减少，到 2023 年第三季度仅剩下基期的 70.56%。金融业的人员需求在 2020 年第四季度至 2021 年第三季度的降幅更为显著，虽然在 2021 年第四季度有所反弹，但随后继续呈现下滑的趋势。

　　图 3-4 展示的是 2020 年第四季度至 2023 年第三季度总体和金融业求职供给相对于基期的变化情况。从图中可以看出，与 2020 年第三季度相比，总体和金融业的求职供给均有较大幅度的增长。

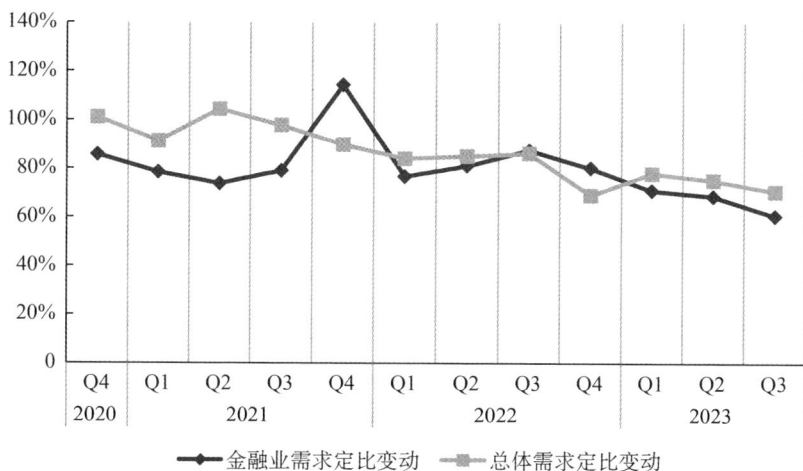

图 3-3　总体和金融业招聘需求定比变动（以 2020 年第三季度为基期）

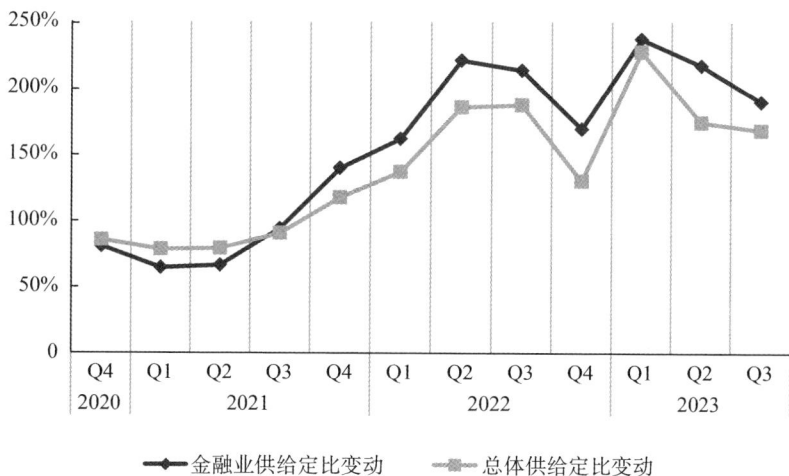

图 3-4　总体和金融业求职供给定比变动（以 2020 年第三季度为基期）

总体求职供给在统计期内呈现出波动上升的趋势，经历了一次短暂的下滑后迅速恢复，到 2023 年第一季度达到了基期的 228%。金融业求职供给的变化趋势与总体趋势相似，但其增长幅度高于总体求职供给。金融业求职供给从 2021 年第一季度到 2022 年第二季度持续上升，然后出现了一次明显的回落，这可能与疫情的影响有关，之后又在 2023 年第一季度回升至基期的 237%，达到最高点。

图 3-5 展示的是总体和金融业 CIER 指数定比变化的趋势，总体和金融业的就业景气程度均是在短暂提升后呈现出持续的波动下降趋势，且金融业就业景气程度的下降幅度高于总体。2023 年第三季度总体和金融业 CIER 指数分别仅有基期的 42% 和 32%。这主要是招聘需求的小幅缩紧和求职供给的大幅增加造成的。

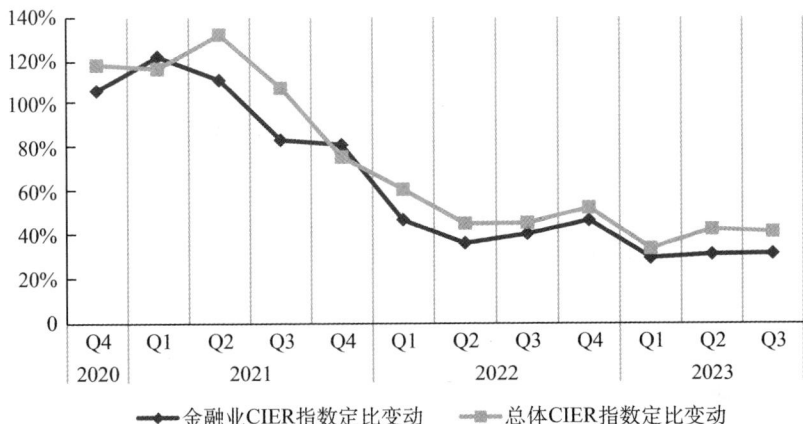

图 3-5 总体和金融业 CIER 指数定比变动（以 2020 年第三季度为基期）

3.2　金融业不同行业和不同职位供求分析

3.2.1　金融业各行业就业景气程度

从需求侧角度分析，金融业的用人需求总体呈现波动的态势。2021 年 1 月—2023 年 6 月，金融业的需求总量从接近 20 万人逐渐上升到 30 多万人，然后又回落到近 20 万人。在各个子行业中，保险业的用人需求略有下降，基金/证券/期货/投资业的用人需求在 2021 年 1—8 月相对稳定，但在 2021 年 9 月出现了超过 10 万人的突增，随后在 2022 年 1 月回落到稍高于原来水平的状态，并基本维持至 2023 年 6 月。银行业的用人需求则没有明显变化，一直保持在 5 万人左右的水平。具体情况如图 3-6 所示。

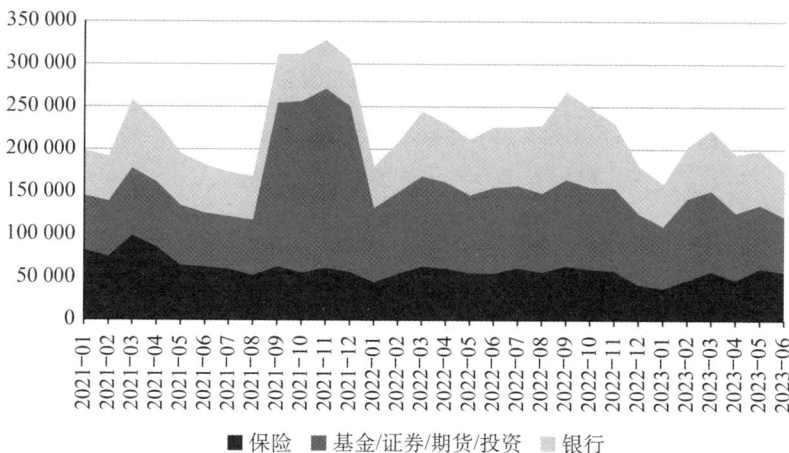

图 3-6　金融业细分行业需求人数变动

金融业细分行业求职人数的情况如图 3-7 所示。从数据可以看出，金融业求职人数呈现出明显的上升趋势，从 2021 年 1 月的不到 10 万，迅速增长到 2023 年 6 月的 30 余万的规模。在各细分子行业中，保险业的求职人数稳定上升至 10 万左右的水平。基金/证券/期货/投资业的求职人数在 2022 年 3 月有了较大幅度的增长，并维持在较高水平，直到同年 11 月之后略有回落，稳定在 10 万左右。银行业的求职人数波动较大，有两个高峰期，分别是 2021 年 9—11 月和 2022 年 3—11 月，其间求职人数最高有 30 多万。2023 年上半年，银行业的求职人数有所下降，回落到 10 万左右。

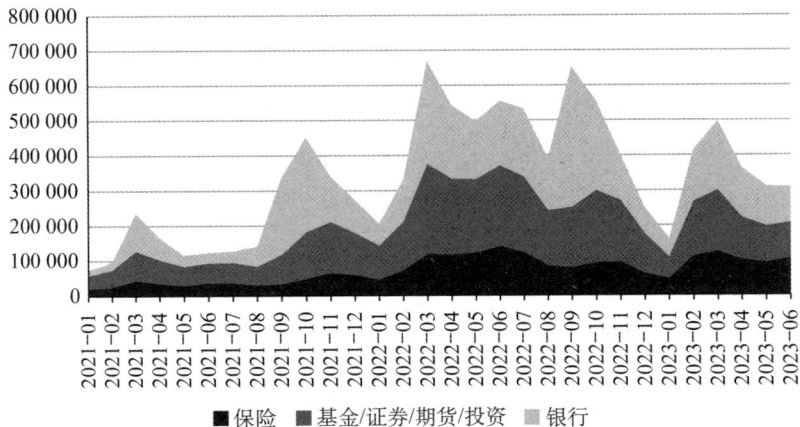

图 3-7　金融业细分行业求职人数变动

图 3-8 展示的是金融业细分行业 CIER 指数的变动情况，与金融业整体就业情况类似，保险、银行和基金/证券/期货/投资业三类细分行业的 CIER 指数均呈现下降趋势，并在 2022 年第二季度后降到 1 以下，表明金融业各行业的就业形势都非常严峻，高校毕业生就业压力较大。

为了更深入地了解金融业的就业市场情况，我们将金融业细分行业的 CIER 指数和供需变化趋势报告在图 3-9 至图 3-11 中。从图 3-9 中可以看出，保险业的招聘需求基本保持稳定，但大部分时

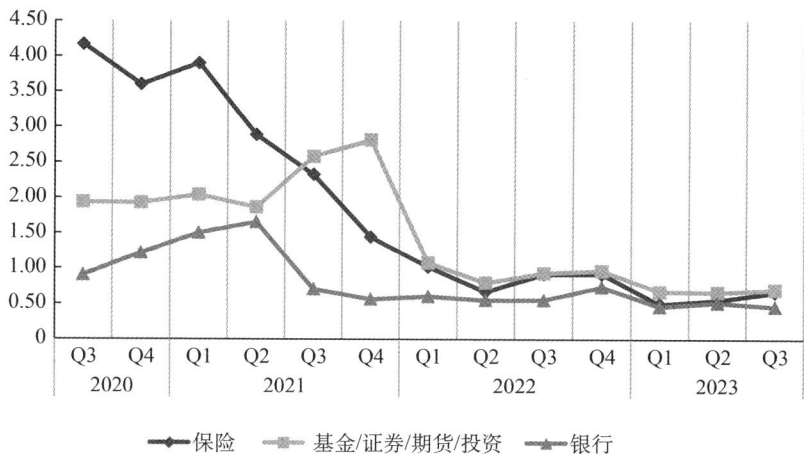

图 3-8　金融业细分行业 CIER 指数变动

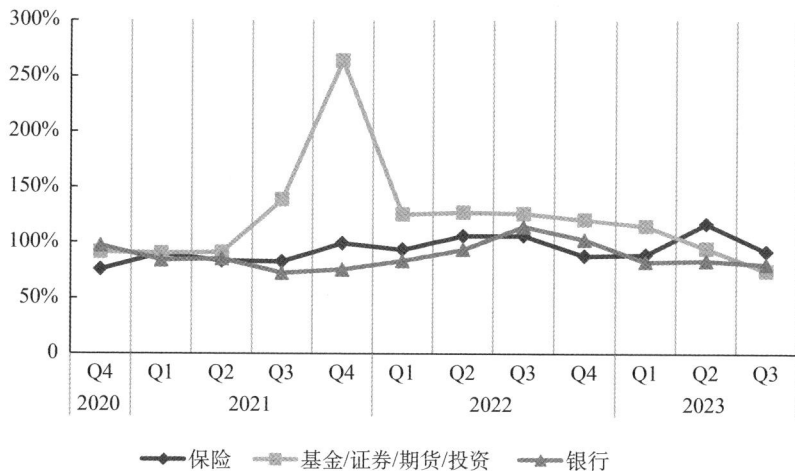

图 3-9　金融业分行业招聘需求定比变动（以 2020 年第三季度为基期）

期均略低于基期，即便在 2023 年第二季度有所上升，也很快在第三季度回落到基期的 92%。银行业的招聘需求波动幅度与保险业相近，但总体呈现出更大的下降趋势，2023 年第三季度仅为基期的 80%。相比之下，基金/证券/期货/投资业的招聘需求表现出较强的活力和波动性，2021 年第四季度达到了基期需求的 264%，虽然在 2022 年有所回落，但仍高于基期水平。然而，2023 年前三季度该行业的需求量也呈现出逐步下降的趋势。

图 3-10 报告的是金融业分行业求职供给定比变动的情况。从中可以看出，2020 年第四季度至 2023 年第三季度，金融业各细分行业的求职供给都呈现出快速增长的趋势，其中基金/证券/期货/投资业和保险业的增长较为显著，银行业的增长虽然相对低一些，但最高点也达到了基期水平的 187%。2023 年，保险业和基金/证券/期货/投资业的求职供给出现了一定幅度的回落，但仍是基期水平的两倍以上。

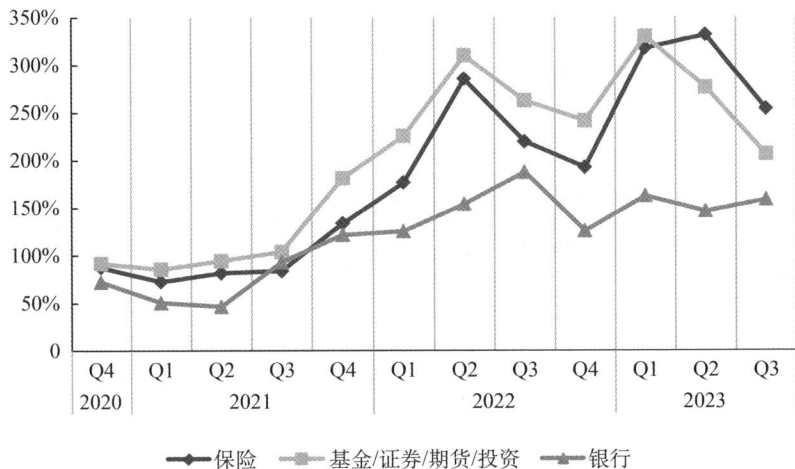

图 3-10　金融业分行业求职供给定比变动（以 2020 年第三季度为基期）

金融业分行业 CIER 指数定比变动的情况报告在图 3-11 中，各细分行业的 CIER 指数在 2022—2023 年均呈现下降趋势。其中，保险业的就业压力最大，CIER 指数持续稳定下滑，2023 年第三季度的 CIER 指数仅有基期的 16%，这主要是因为保险业求职供给人数迅速增加而招聘需求人数基本保持稳定。基金/证券/期货/投资业在 2020 年和 2021 年的就业形势较为乐观，这主要得益于招聘需求在此期间的大幅增长。然而，自 2022 年起，该行业的招聘需求人数急剧回落，CIER 指数也随之下降。银行业的就业形势在 2021 年上半年较为乐观，CIER 指数一度达到基期的 183%，但随后又迅速下降且基本保持稳定。

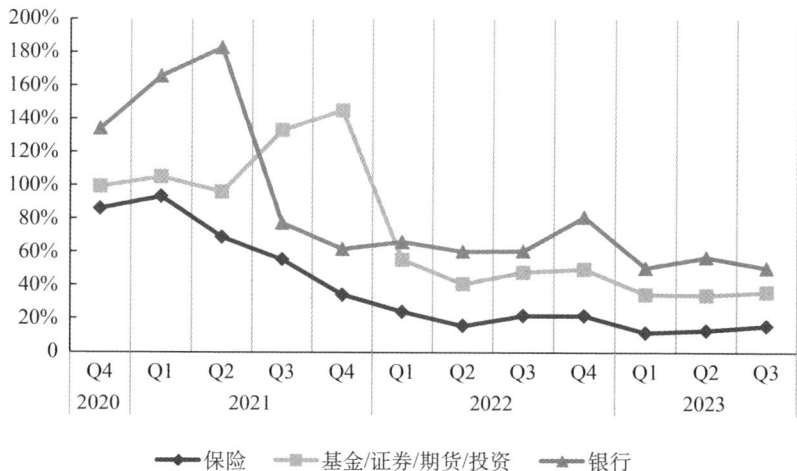

图 3-11　金融业分行业 CIER 指数定比变动（以 2020 年第三季度为基期）

3.2.2　金融细分行业高校毕业生就业市场供求状况

（1）保险业就业情况

图 3-12 展示了保险业就业市场的 CIER 指数以及供需变化的

趋势。从图中可以看出，高校毕业生在保险业的就业景气程度与金融业整体形势相似，都呈现出明显的下滑态势。保险业的CIER指数从2021年1月份的4.09开始逐渐下降，至2023年6月份仅为0.54。自2021年11月起，保险业的求职者数量已超过招聘数量，造成了供过于求的局面。保险业的用人需求自2021年6月以来基本维持在6万人左右，而高校毕业生的供给量却大幅增长，从2021年1月的2万人左右增加到2023年6月的10万多人，2022年6月更是高达14万余人。这也是导致CIER指数持续下降的主要原因。

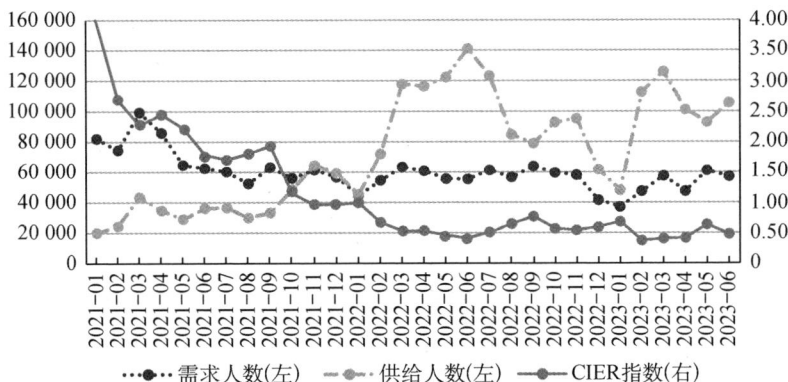

图3-12　保险业高校毕业生CIER指数及供求变化

（2）基金/证券/期货/投资业就业情况

如图3-13所示，基金/证券/期货/投资业与银行业相比，其景气程度更为复杂多变。CIER指数的变化显示，该行业的就业市场在2021年下半年出现了一次小幅回暖，这主要是因为用人需求量在短时间内出现了较大幅度的增长。然而，从2022年开始，该行业的用人需求量就回落到了10万人左右的水平，并在此后保持相对稳定，没有太大的波动。与此同时，该行业的求职人数却呈现出

了明显上升的趋势，从 2021 年年初的不到 5 万逐步增长到 2022 年
1 月的 10 万左右，并在此之后迅速攀升，最高达到了 25 万。这导
致 CIER 指数出现明显的下降，一度低至 0.41。即使 2023 年上半
年该行业的人才供给量有所回落，6 月的 CIER 指数仍只有 0.63，
说明基金/证券/期货/投资业的就业市场仍然供大于求，高校毕业
生就业压力较大。

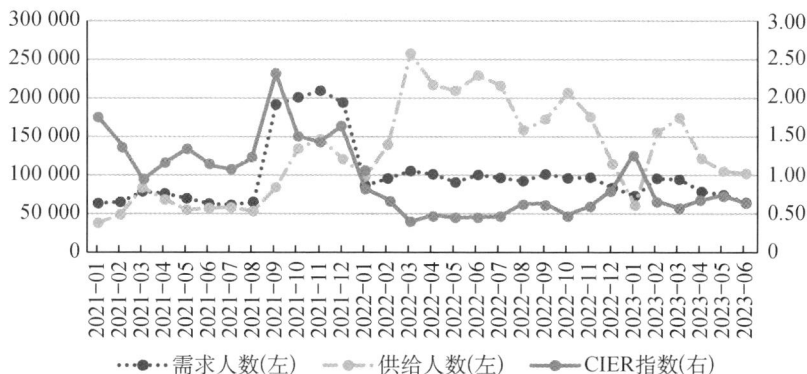

图 3-13　基金/证券/期货/投资业高校毕业生 CIER 指数及供求变化

（3）银行业就业情况

图 3-14 展示的是银行业 CIER 指数以及供需变化的趋势。与
高校毕业生的金融业整体就业状况类似，高校毕业生银行业就业景
气程度也呈现出整体下降的态势。CIER 指数由 2021 年 1 月的
3.52 迅速下滑至 2021 年 3 月的 0.73，在稍有回升后于 2021 年
9 月跌至 0.26，并一直维持在相对低的水平。从需求侧角度来看，
银行业对高校毕业生的用人需求较为稳定，自 2021 年以来基本在 5
万人左右波动，没有出现明显的增长或下降。从供给侧角度来看，
高校毕业生对银行业的就业意向在整体上升的基础上存在较大的波
动性，自 2021 年后多次出现供给量的浮动，其中 2022 年 9 月的求

职人数曾高达 40 万，但之后又迅速下降，一度与需求量持平，2023 年 6 月的求职人数在 10 万左右。

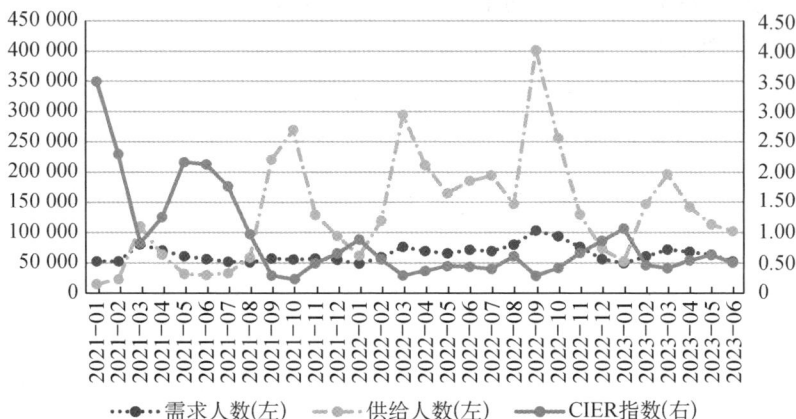

图 3-14　银行业高校毕业生 CIER 指数及供求变化

3.2.3　金融业不同岗位就业景气程度

（1）金融类不同业务职能岗位供求分析

图 3-15 展示了金融类不同业务职能岗位的需求人数变动情况。金融类细分业务职能岗位包括保险、财务、银行及金融服务和投融资等六个方面。横向比较来看，银行及金融服务类职能岗位的需求人数最多，几乎占据了细分领域总需求量的一半；其次是财务类职能岗位的需求人数，数量也较为可观，远超保险和投融资等其他业务职能岗位。从时间趋势来看，保险、财务和合规风控/法务/律师类职能岗位的需求变化相对平稳，没有出现明显波动；而投融资、银行及金融服务和证券/基金/期货类职能岗位在 2021 年 9 月出现了较大幅度的增长，但是在 2022 年 1 月又回落至之前的水平，此后总体保持稳定。

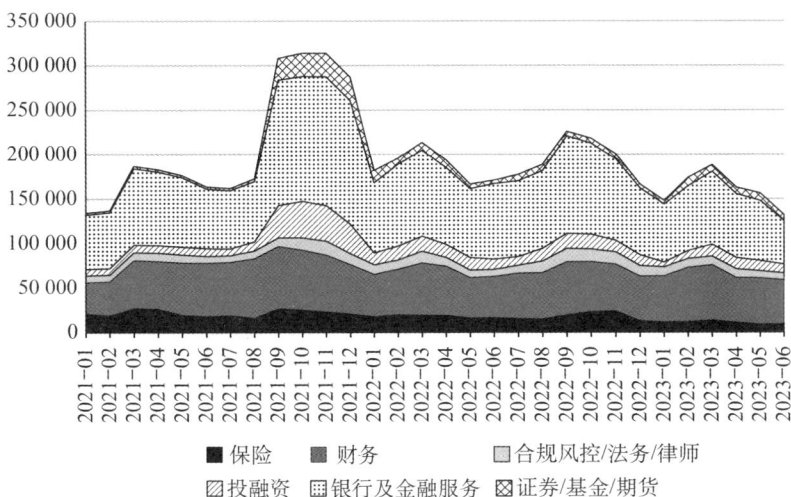

图 3-15　金融类不同业务职能岗位需求人数变动

图 3-16 展示了金融类业务职能岗位供给人数的变动情况。从中可以看出，相较于需求人数，各细分业务职能岗位的供给人数均有着更加强劲的增长势头，从 2021 年 1 月起一直呈现稳定上升的趋势，并且每年的 3 月和 9—10 月是供给高峰，虽然随后有所下降，但总体仍在增长。从 2021 年 1 月的不到 10 万人到 2023 年 6 月的 20 多万人，六类业务职能岗位的供给人数总和翻了一番，最高峰时甚至有 40 多万人。横向比较，财务类职能岗位的供给人数最多，其次是银行及金融服务，保险和证券/基金/期货类的供给人数则较少。

图 3-17 展示了金融类细分业务职能岗位的供需状况。2023 年 6 月，保险、银行及金融服务和证券/基金/期货类职能岗位的 CIER 指数都高于 1，这意味着这些职能岗位的市场需求大于供给，高校毕业生在这些领域的就业前景较为乐观。整体来看，财务和合规风控/法务/律师类职能岗位的 CIER 指数则相对稳定，没有出现明显的波动。投融资类职能岗位在 2021 年 9—12 月出现了 CIER

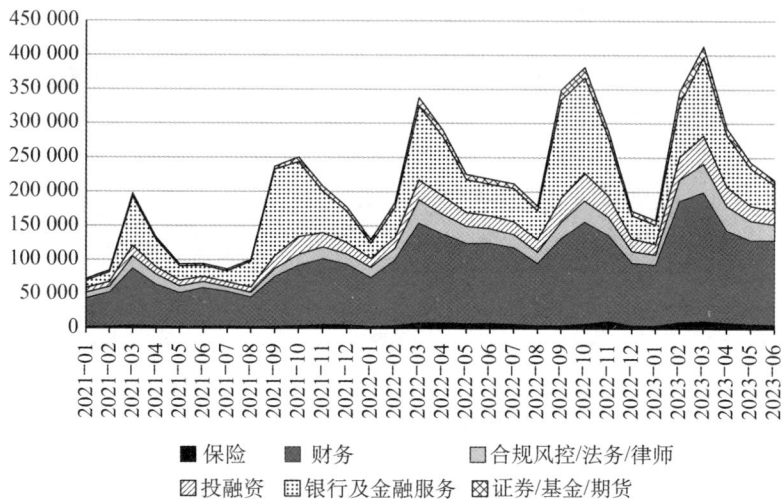

图 3-16　金融类不同业务职能岗位供给人数变动

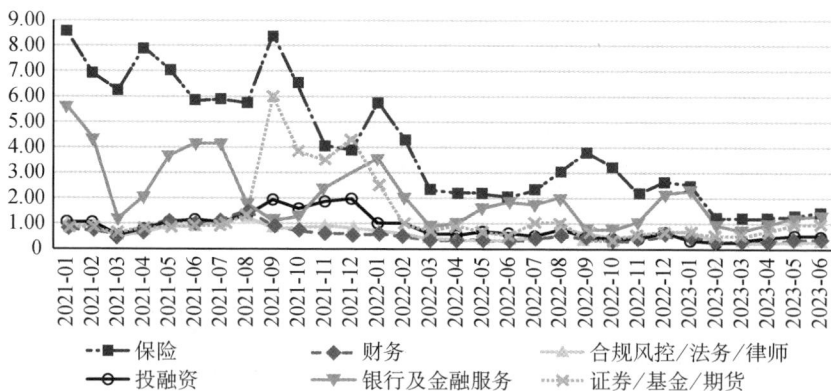

图 3-17　金融类不同业务职能岗位 CIER 指数变动

指数的显著上升，达到了接近 2 的水平，表明这一时期该类岗位的市场需求超过了供给。但是在之后的几个月中，其 CIER 指数又回落到了原来的水平，并有继续下降的趋势。证券/基金/期货类职能岗位的变化趋势与投融资类职能岗位类似，但是其变化幅度更大，在 2021 年 9 月达到峰值，表明该类职能岗位的市场需求旺盛。保险和银行及金融服务类职能岗位的 CIER 指数波动性较强，但整体也呈现出波动下降的趋势。

（2）金融业分行业招聘职位需求占比

图 3-18 展示的是 2023 年第二季度金融业总体招聘需求人数排名前 20 的职位。其中，客户经理和销售顾问的需求人数占比最大，分别为 16% 和 11%，远高于其他职位。需求人数位于第三位至第五位的分别是客服专员、管培生/培训生和理财顾问，前五类职位共占据了金融业总体招聘需求人数的 46%。相比之下，产品经理、项目经理和风控类职位的需求人数较少。

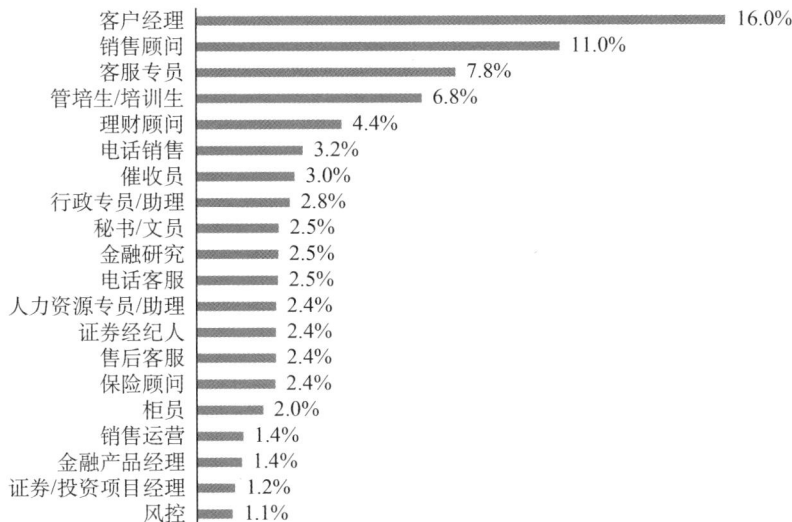

职位	占比
客户经理	16.0%
销售顾问	11.0%
客服专员	7.8%
管培生/培训生	6.8%
理财顾问	4.4%
电话销售	3.2%
催收员	3.0%
行政专员/助理	2.8%
秘书/文员	2.5%
金融研究	2.5%
电话客服	2.5%
人力资源专员/助理	2.4%
证券经纪人	2.4%
售后客服	2.4%
保险顾问	2.4%
柜员	2.0%
销售运营	1.4%
金融产品经理	1.4%
证券/投资项目经理	1.2%
风控	1.1%

图 3-18　2023 年第二季度金融业总体招聘需求人数排名前 20 的职位

2023 年第二季度保险业总体招聘需求人数排名前 20 的职位情况如图 3-19 所示。从图中可以看出，保险业需求人数最多的职位是客服专员，其需求人数占总体招聘需求人数的 18.2%，远远超过了其他职位的需求水平。保险顾问、秘书/文员、行政专员/助理和管培生/培训生也是保险业需求人数较多的职位，前五类职位合计占总体招聘需求人数的 46.5%。相比之下，销售团队经理、续保专员和咨询热线/呼叫中心客服等职位在保险业的需求人数占比则较低。

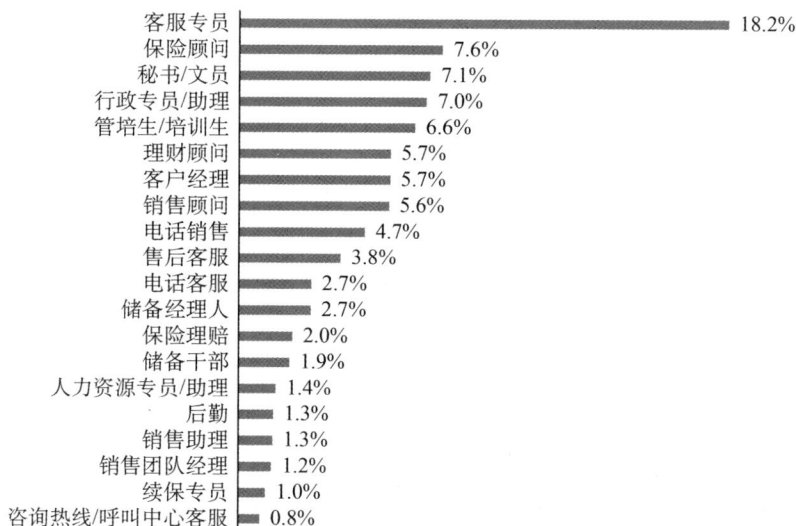

图 3-19　2023 年第二季度保险业总体招聘需求人数排名前 20 的职位

在基金/证券/期货/投资业领域（见图 3-20），销售顾问和客户经理是需求人数最多的两种职位，它们分别占该行业总体招聘需求人数的 19.0% 和 16.9%。紧随其后的是理财顾问、金融研究和证券经纪人，这三种职位的招聘需求占比都在 6% 左右。与保险业不同，客服专员在基金/证券/期货/投资业的招聘需求量相对较低。

图 3-21 展示了 2023 年第二季度银行业总体招聘需求人数最多

职位	百分比
销售顾问	19.0%
客户经理	16.9%
理财顾问	6.4%
金融研究	6.0%
证券经纪人	5.9%
管培生/培训生	4.9%
证券/投资项目经理	2.8%
售后客服	2.7%
人力资源专员/助理	2.7%
销售运营	2.6%
电话销售	2.5%
风控	2.4%
金融产品经理	2.2%
信贷审核	2.0%
薪酬福利	1.9%
期货经纪人	1.8%
投资助理	1.6%
社群运营	1.4%
投后管理	1.3%
客服专员	1.2%

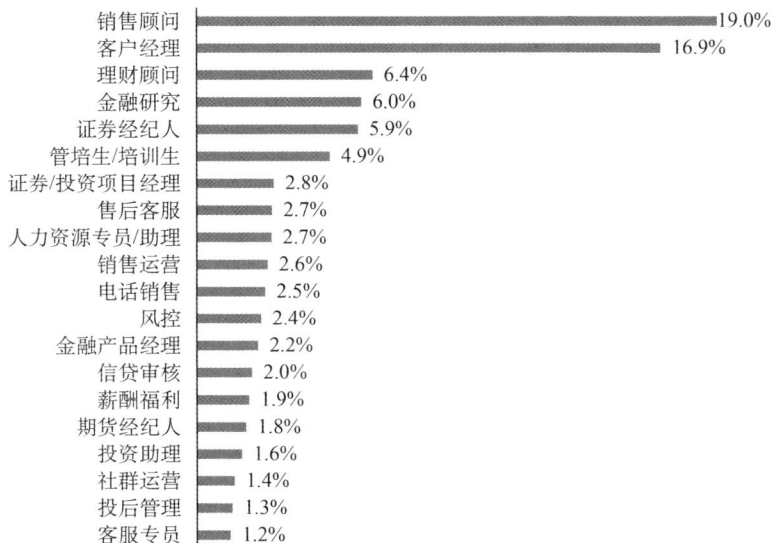

图 3-20　2023 年第二季度基金/证券/期货/投资业招聘需求人数排名前 20 的职位

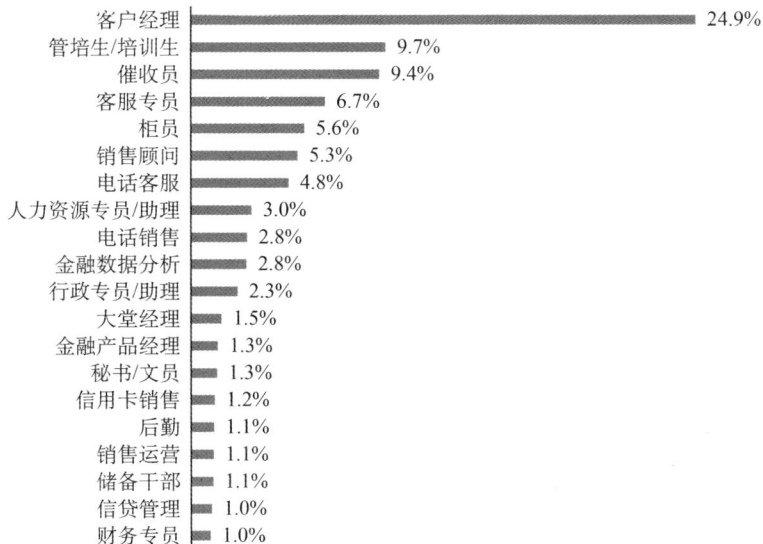

职位	百分比
客户经理	24.9%
管培生/培训生	9.7%
催收员	9.4%
客服专员	6.7%
柜员	5.6%
销售顾问	5.3%
电话客服	4.8%
人力资源专员/助理	3.0%
电话销售	2.8%
金融数据分析	2.8%
行政专员/助理	2.3%
大堂经理	1.5%
金融产品经理	1.3%
秘书/文员	1.3%
信用卡销售	1.2%
后勤	1.1%
销售运营	1.1%
储备干部	1.1%
信贷管理	1.0%
财务专员	1.0%

图 3-21　2023 年第二季度银行业总体招聘需求人数排名前 20 的职位

的 20 个职位。从图中可以看出，客户经理的招聘需求量远超其他职位，占总体招聘需求量的近四分之一。其次是管培生/培训生和催收员，这两个职位的招聘需求量分别占 9.7% 和 9.4%。此外，银行业招聘需求量排名前五的职位总计占整体需求量的 56.3%。相比之下，储备干部、信贷管理和财务专员等职位的招聘需求量较低，分别只占招聘总量的 1% 左右。

3.3 金融业不同区域和城市供求分析

3.3.1 不同行政区域和经济圈供求分析

（1）不同行政区域供求分析

本书将全国分为东部、中部、西部和东北四个地区，分别考察各地区金融业的人才供需情况。需求人数变动如图 3-22 所示。东部地区金融业对人才的需求量远远超过了其他地区，占全国金融业人才需求量的一半左右。中部地区的金融业人才需求量略高于西部

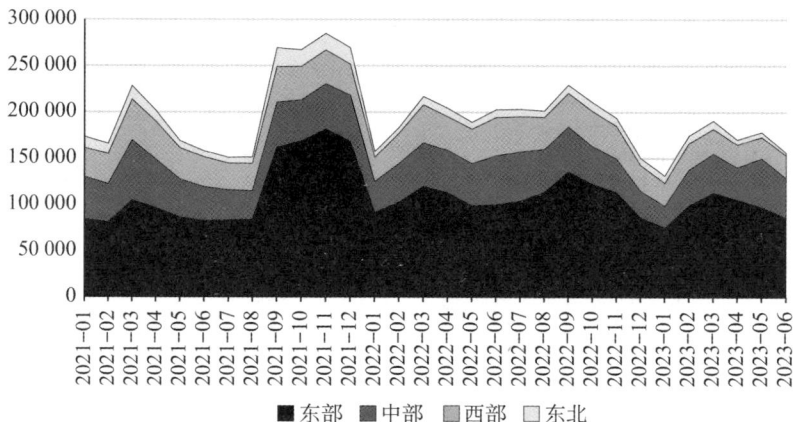

图 3-22　金融业分区域需求人数变动

地区。东北地区的金融业人才需求量最低。此外，自 2021 年以来，中部、西部和东北地区的金融业人才需求量基本保持稳定，每年需求量总和在 10 万人左右，没有明显的变化。东部地区的金融业人才需求量则呈现出一定的波动性，从 2021 年 8 月的不足 10 万人迅速上升到同年 9 月的 17 万人左右，并在这一高位维持到年底，然后于 2022 年 1 月回落到 10 万人左右，并趋于稳定。

　　图 3-23 展示了金融业人才的分区域供给情况。从中可以看出，全国各地区的金融业人才供给量都呈现出逐年递增的趋势，其中东部地区的人才供给量最为庞大，占全国总体供给量的三分之二左右，远远高于其他地区。西部地区的人才供给量排名第二。中部地区和东北地区的人才供给量较少。此外，西部、中部和东北地区的人才供给量增长较为平稳，每年增加的数量不多。东部地区的人才供给量表现出较大的波动性，从 2021 年 1 月的 5 万人左右上升到同年 10 月的 20 余万人，并在之后经历了多次波动，分别在 2022 年 1 月和 2022 年 12 月达到低点，但在春季和秋季又迅速回升，最高峰处供给人数有 40 余万人。

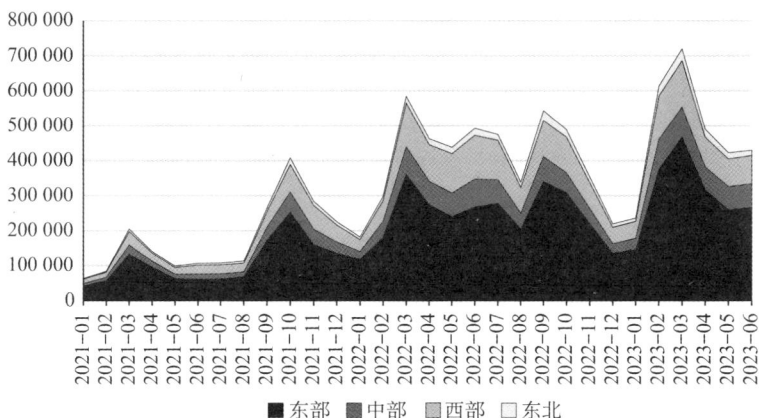

图 3-23　金融业分区域供给人数变动

　　图 3-24 展示了金融业高校毕业生分区域 CIER 指数的变化情况。从图中可以看出，自 2021 年以来，无论是东部、中部、西部还是东北地区，高校毕业生在金融业的就业景气程度都呈现出明显的下降态势。在 2021 年 8 月及之前大部分时间，各区域的 CIER 指数高于 1，表明毕业生的需求量大于供给量。其中，中部地区的 CIER 指数最高，2021 年 1 月达到了 6.47；其次是东北地区和西部地区，2021 年 1 月分别为 5.47 和 2.66；而东部地区的 CIER 指数最低，2021 年 1 月仅为 2.01，反映出该地区的金融业高校毕业生面临着较大的就业压力。2021 年 10 月，各区域的 CIER 指数都降至 1 以下，并且呈现出缓慢下降的趋势。相比之下，中部地区的 CIER 指数仍然略高于其他区域，但差距并不明显。

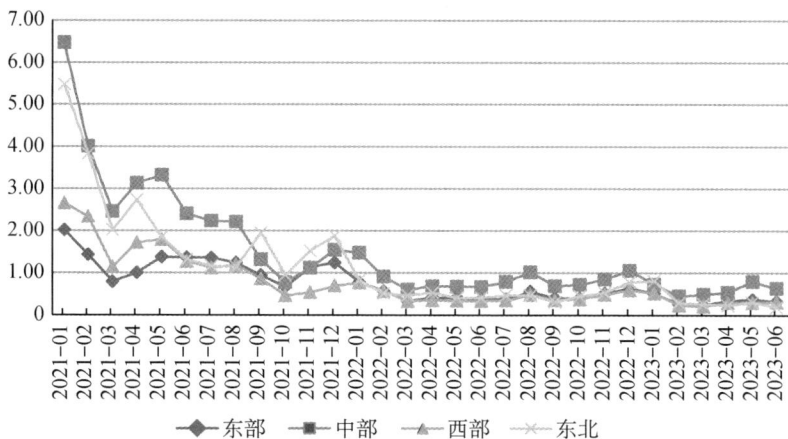

图 3-24　金融业高校毕业生分区域 CIER 指数

　　表 3-1 分区域报告了金融业细分行业 CIER 指数。横向比较来看，三个行业内不同区域的 CIER 指数都呈现下降趋势，但下降幅度有所不同。其中，保险业的 CIER 指数从 2021 年第一季度的 2.957 下降到 2023 年第二季度的 0.379，下降了 87.2%；基金/证

券/期货/投资业的 CIER 指数从 2021 年第一季度的 1.192 降到 2023 年第二季度的 0.356，下降了 70.1%；银行业的 CIER 指数从 2021 年第一季度的 1.343 降到 2023 年第二季度的 0.399，下降了 70.3%。

表 3-1　金融业细分行业分区域 CIER 指数

行业和区域	2021 Q1	2021 Q2	2021 Q3	2021 Q4	2022 Q1	2022 Q2	2022 Q3	2022 Q4	2023 Q1	2023 Q2
保险	2.957	2.178	1.814	0.985	0.646	0.469	0.628	0.560	0.303	0.379
东部	2.339	1.863	1.750	0.919	0.542	0.430	0.555	0.553	0.286	0.285
中部	4.888	3.561	2.831	2.064	1.225	0.733	1.188	0.978	0.602	1.038
西部	2.750	2.118	1.548	0.574	0.552	0.422	0.539	0.420	0.207	0.177
东北	4.641	1.836	0.984	0.539	0.343	0.318	0.282	0.248	0.139	0.182
基金/证券/期货/投资	1.192	1.136	1.593	1.458	0.586	0.446	0.524	0.540	0.337	0.356
东部	0.891	0.909	1.633	1.692	0.571	0.427	0.491	0.504	0.302	0.340
中部	3.014	2.601	1.719	1.038	0.725	0.733	0.882	0.770	0.515	0.519
西部	1.396	1.226	1.116	0.751	0.511	0.328	0.416	0.514	0.321	0.336
东北	1.388	0.987	2.908	3.124	0.740	0.434	0.491	0.631	0.467	0.279
银行	1.343	1.652	0.623	0.364	0.394	0.379	0.358	0.481	0.299	0.399
东部	0.959	1.307	0.490	0.304	0.349	0.345	0.337	0.429	0.279	0.395
中部	2.948	2.810	1.206	0.690	0.705	0.576	0.589	0.806	0.439	0.440
西部	1.140	1.483	0.613	0.340	0.324	0.279	0.255	0.414	0.244	0.387
东北	3.208	3.206	0.861	0.280	0.480	0.545	0.366	0.647	0.337	0.266

　　2021 年和 2022 年，总体来说保险业的 CIER 指数最高（2021 年第四季度基金/证券/期货/投资业最高），其次是基金/证券/期货/投资业，最后是银行业（2021 年第二季度除外）。2023 年第一

季度，基金/证券/期货/投资业的 CIER 指数最高；2023 年第二季度，则是银行业的 CIER 指数最高。2021 年上半年，各行业 CIER 指数均大于 1；2022 年之后，各行业人才均处于供过于求的局面，CIER 指数小于 1。

从行业角度分析，在保险业，中部地区的 CIER 指数最高，东北地区的就业景气程度下降幅度较大；在基金/证券/期货/投资业，中部地区的 CIER 指数最高，东部地区的 CIER 指数较低；在银行业，则是中部地区和东北地区的 CIER 指数最高，西部和东部地区较低。

（2）不同经济圈供求分析

本书还分析了不同经济圈金融业用人需求人数的变化情况，具体数据如图 3-25 所示。从图中可以看出，近两年来，京津冀、长三角和珠三角三大经济圈的用人需求人数变化趋势基本一致。总体上呈现出稳定的态势，在 2021 年 9 月出现了一定程度的增长，持续 4 个月后又在 2022 年 1 月回落到略高于之前水平的状态。在三大经济圈中，长三角经济圈的用人需求波动性最大，在每年的春季

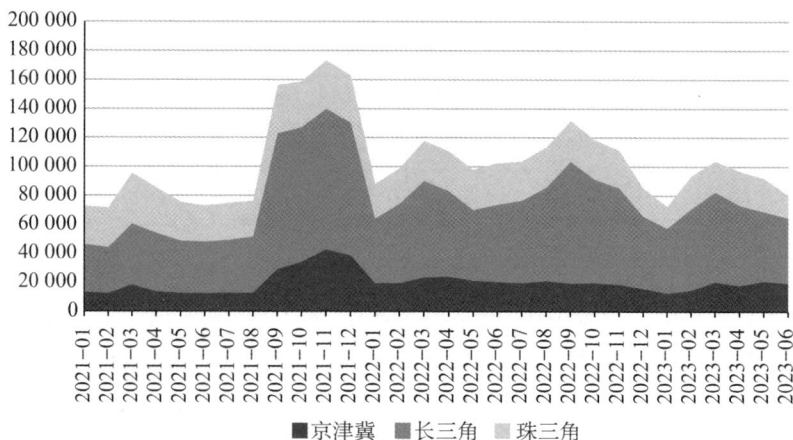

图 3-25　金融业分经济圈需求人数变动

和秋季（3 月和 9 月）都会有不同程度的需求增长。从横向比较的角度来看，长三角经济圈的需求人数最多，2023 年 6 月需求量在 4 万人左右，珠三角和京津冀的需求人数较少。

图 3-26 报告了金融业不同经济圈供给人数变化情况。相较于需求人数而言，各经济圈供给人数的增长趋势更加显著，自 2021 年 1 月以来一直呈现出稳定上升的态势，并且在每年的 3 月和 9 月都出现了供给量的高峰，随后虽然有所回落，但仍然高于之前的水平。三大经济圈的供给总量从 2021 年 1 月的不到 5 万人攀升到 2023 年 3 月的 40 余万人，远远超过了 10 万人左右的需求总量。在横向比较方面，与需求人数相似，长三角经济圈的供给人数最为充足，珠三角经济圈和京津冀经济圈的供给人数较少。2023 年 6 月，长三角经济圈的供给人数为 10 万左右，珠三角经济圈供给人数稍低于 10 万，京津冀经济圈供给人数仅有 5 万左右。

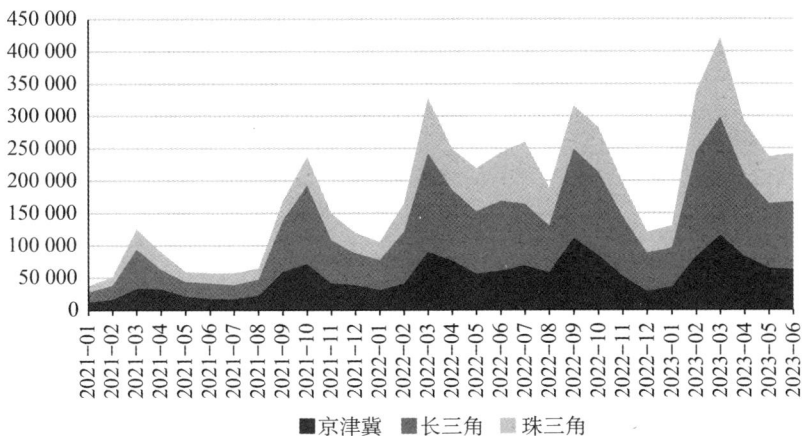

图 3-26　金融业分经济圈供给人数变动

本书根据金融业高校毕业生的供需情况，按照不同的经济圈划分，计算并绘制了各区域 CIER 指数的变化曲线，如图 3-27 所示。

从 2022 年开始，京津冀、长三角和珠三角三大经济圈的金融业高校毕业生就业市场都呈现出了明显的不景气的状况。三大经济圈的 CIER 指数都降到了 1 以下，说明供应量大于需求量，就业压力上升。其中，珠三角经济圈的 CIER 指数在 2021 年 1 月为 2.72，但在 2021 年 3 月急剧下滑至 1.10，之后又以较为缓慢的速度波动下降，直到 2023 年 6 月仅为 0.21。长三角经济圈的 CIER 指数在 2021 年 1 月为 2.14，尽管之后在部分月份中有波动和回升，相较于其他两个经济圈表现稍好一些，但总体上也呈现出逐渐下降的趋势，到 2023 年 6 月只有 0.43。京津冀经济圈的就业市场景气程度最为低迷，CIER 指数从 2021 年 1 月的 1.07 一路下跌至 2023 年 6 月的 0.31。

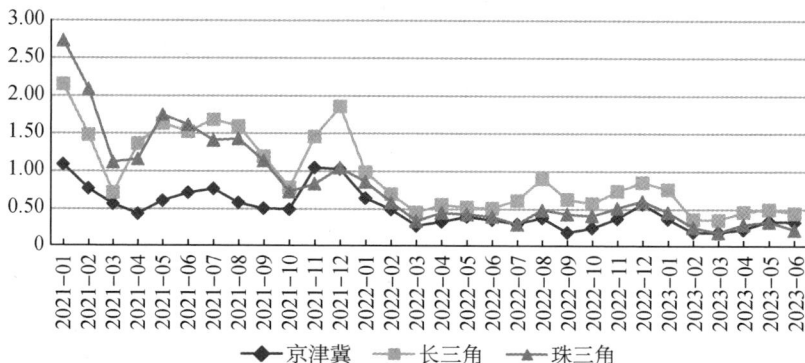

图 3-27　金融业高校毕业生分经济圈 CIER 指数

表 3-2 分行业报告了不同经济圈中 CIER 指数的变化情况。保险业的 CIER 指数在整体上呈现明显的下降趋势，从 2021 年第一季度到 2023 年第二季度，整个行业的 CIER 指数从 2.059 下降到 0.300，下降了 85.4%，而且 2022 年及之后 CIER 指数均小于 1，表明供大于求。在不同经济圈的保险业中，珠三角经济圈的 CIER 指数从 2021 年第一季度的 3.064 下降到 2023 年第二季度的 0.220，下降了 92.8%。长三角经济圈的 CIER 指数从 2021 年第一季度的

2.123 下降到 2023 年第二季度的 0.315，下降了 85.2%。京津冀经济圈的 CIER 指数从 2021 年第一季度的 0.987 下降到 2023 年第二季度的 0.378，下降了 61.7%。

表 3-2 金融业细分行业分经济圈 CIER 指数

行业和经济圈	2021 Q1	2021 Q2	2021 Q3	2021 Q4	2022 Q1	2022 Q2	2022 Q3	2022 Q4	2023 Q1	2023 Q2
保险	**2.059**	**1.616**	**1.751**	**1.154**	**0.562**	**0.463**	**0.601**	**0.602**	**0.309**	**0.300**
京津冀	0.987	0.669	0.979	1.074	0.666	0.355	0.385	0.427	0.373	0.378
长三角	2.123	2.133	2.294	1.449	0.496	0.515	0.870	0.823	0.318	0.315
珠三角	3.064	2.073	1.841	0.712	0.566	0.479	0.456	0.443	0.234	0.220
基金/证券/ 期货/投资	**0.903**	**0.888**	**1.620**	**1.701**	**0.598**	**0.475**	**0.531**	**0.541**	**0.324**	**0.359**
京津冀	0.483	0.453	0.951	1.305	0.480	0.444	0.447	0.462	0.184	0.322
长三角	1.005	1.032	2.194	2.162	0.713	0.545	0.748	0.666	0.487	0.476
珠三角	1.357	1.371	1.440	1.304	0.516	0.396	0.324	0.388	0.202	0.209
银行	**0.973**	**1.269**	**0.475**	**0.299**	**0.393**	**0.374**	**0.352**	**0.472**	**0.274**	**0.379**
京津冀	1.068	0.647	0.205	0.110	0.139	0.193	0.101	0.130	0.121	0.146
长三角	0.790	1.930	0.473	0.317	0.506	0.470	0.549	0.616	0.349	0.541
珠三角	1.249	1.214	0.959	0.473	0.428	0.390	0.391	0.577	0.279	0.385

基金/证券/期货/投资业的 CIER 指数在整体上也呈现出下降趋势，从 2021 年第一季度到 2023 年第二季度，整个行业的 CIER 指数从 0.903 降到 0.359，下降了 60.2%。这说明基金/证券/期货/投资业近两年高校毕业生的就业形势也非常严峻。在不同经济圈的基金/证券/期货/投资业中，珠三角经济圈的 CIER 指数从 2021 年第一季度的 1.357 下降到 2023 年第二季度的 0.209，下降了 84.6%。长三角经济圈的 CIER 指数从 2021 年第一季度的

1.005 下降到 2023 年第二季度的 0.476，下降了 52.6%。京津冀经济圈的 CIER 指数从 2021 年第一季度的 0.483 下降到 2023 年第二季度的 0.322，下降了 33.3%。此外，在 2021 年第一季度和第二季度，珠三角经济圈的 CIER 指数高于长三角经济圈和京津冀经济圈；从 2021 年第三季度至 2023 年第二季度，长三角经济圈的 CIER 指数显著高于其他两个经济圈。

同样，银行业的 CIER 指数也呈现出波动下降的趋势，从 2021 年第一季度到 2023 年第二季度，整个行业的 CIER 指数从 0.973 降到 0.379，下降了 61%，这表明银行业的就业市场也在收缩。在不同经济圈的银行业中，京津冀经济圈的 CIER 指数从 2021 年第一季度的 1.068 下降到 2023 年第二季度的 0.146，下降了 86.3%。珠三角经济圈的 CIER 指数从 2021 年第一季度的 1.249 下降到 2023 年第二季度的 0.385，下降了 69.2%。长三角经济圈的 CIER 指数从 2021 年第一季度的 0.790 下降到 2023 年第二季度的 0.541，下降了 31.5%。与上述两个行业类似，2021 年珠三角经济圈的银行业就业形势最好，2022 年及 2023 年上半年长三角经济圈的银行业就业形势更乐观。

此外，在不同经济圈中，各细分行业的就业形势不同。在京津冀和长三角经济圈中，2021 年第二季度至 2023 年第一季度，保险业和基金/证券/期货/投资业的 CIER 指数交替领先；在珠三角经济圈中，2021 年和 2022 年前三季度保险业的 CIER 指数较高（2021 年第四季度保险业的 CIER 指数落后于基金/证券/期货/投资业），2022 年第四季度及 2023 年上半年银行业的就业形势更好。

3.3.2 不同等级城市供求分析

本书进一步按照城市等级，分别对一线城市、新一线城市、二线城市和三线城市金融业的人才供需状况进行分析。图 3-28 展示了各等级城市金融业人才需求人数占比的变动情况。从横向比较来看，新一线城市的金融业人才需求量最大，一线城市和二线城市的金融业人才需求量相当，三线城市的金融业人才需求量则非常少。具体而言，2023 年 6 月，新一线城市的金融业人才需求量约为 10 万人，而一线城市和二线城市的金融业人才需求量仅在 3 万人左右。三线城市的金融业人才需求量更是只有约 1 万人。从时间趋势来看，各级别城市的金融业人才需求量基本保持稳定，没有出现明显的波动或变化。唯一的例外是 2021 年 9 月至 2021 年 12 月，各级别城市的金融业人才需求量都出现了较大幅度的上升。

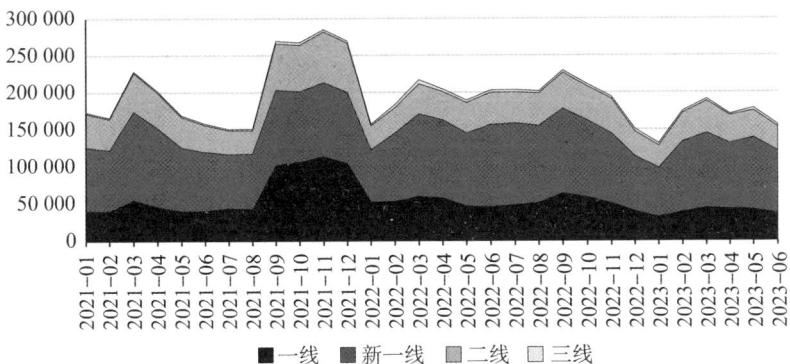

图 3-28　金融业分城市等级需求人数变动

　　图 3-29 报告了金融业在不同等级城市的供给人数占比的变化情况。从图中可以看出，不同等级的城市在金融业的供给人数上有着明显的变化。相较于需求人数，各个经济圈的供给人数都有着更加强劲的增长势头，从 2021 年 1 月开始一直保持着稳定的上涨趋势，并且每年的 3 月和 10 月都是供给量的高峰期，虽然之后有所回落，但总体上仍然呈现增长的态势。三线及以上等级城市的金融业供给人数总和从 2021 年 1 月的不到 10 万增加到 2023 年 3 月的超过 70 万，远远超出了 20 万人的需求总量。横向比较来看，新一

线城市的金融业供给人数最多，其次是一线城市和二线城市，三线城市的金融业供给人数则较少。

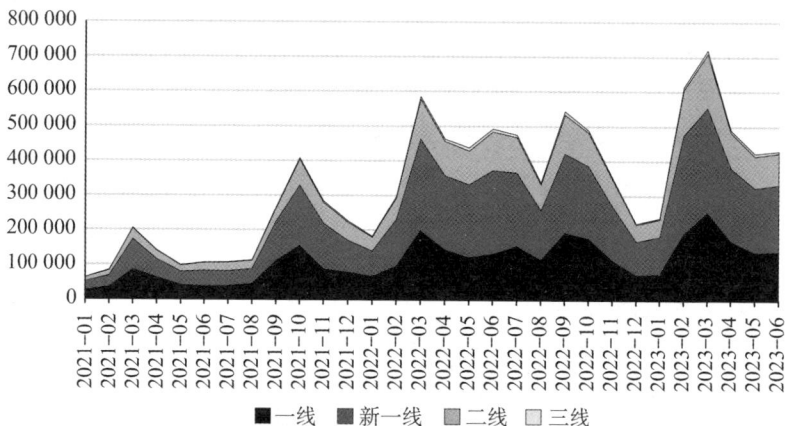

图 3-29　金融业分城市等级供给人数变动

　　图 3-30 展示的是各等级城市金融业高校毕业生 CIER 指数的变化趋势。2022—2023 年，金融业高校毕业生在各级城市的就业市场都面临着严峻的挑战。2021 年 1 月，各级城市的 CIER 指数都高于 1，其中：二线城市 CIER 指数最高，达到 4.03；新一线城市和三线城市 CIER 指数分别为 3.50 和 2.77；一线城市 CIER 指数最低，为 1.52。此时，金融业用人需求仍远大于人才供给量。但从 2022 年 3 月起，新一线城市、一线城市和二三线城市的 CIER 指数都跌破了 1，表明金融业存在供过于求的情况，就业压力较大。此后，各级城市的 CIER 指数都呈现出下降态势，新一线城市相较而言稍好，一线城市的就业形势较为困难。

　　本书将金融业细分行业分城市等级 CIER 指数的变化情况报告在表 3-3 中。在不同行业中，各类城市的 CIER 指数也有差异。保险业中，从 2021 年第一季度到 2023 年第二季度，新一线城市的

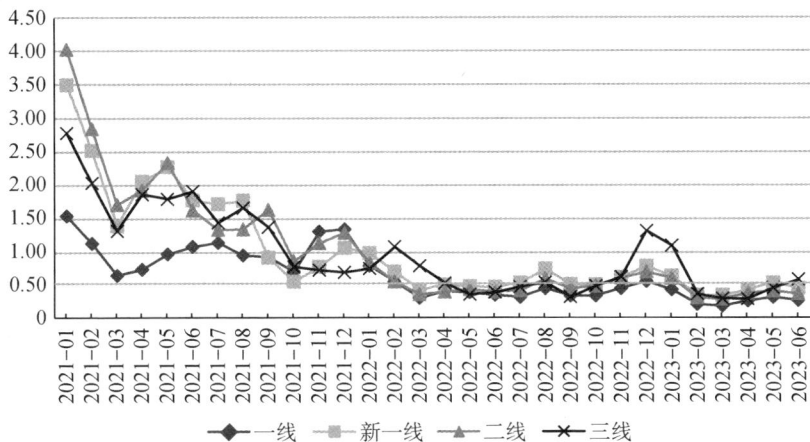

图 3-30　金融业高校毕业生分城市等级 CIER 指数

CIER 指数较高，但也下降了 85.6%，从 3.375 下降至 0.485；其次是二线城市和一线城市，其 CIER 指数分别下降了 91.1% 和 85.7%，从 3.683 和 1.840 降到 0.329 和 0.263；三线城市的 CIER 指数最低，下降了 88.9%，从 1.512 降到 0.168。在基金/证券/期货/投资业中，三线城市的 CIER 指数在 2021 年第一季度到 2023 年第二季度中的大部分时间最高，但也下降了 45.7%，从 2.432 降到 1.321；新一线城市和二线城市的 CIER 指数相近，分别下降了 75.3% 和 72.6%，从 1.694 和 1.434 降到 0.419 和 0.393；一线城市的 CIER 指数最低，下降了 65.9%，从 0.753 降到 0.257。在银行业中，新一线城市、二线城市和三线城市的 CIER 指数在 10 个季度内交替领先，但也呈现出日益下降的趋势，表明各级城市的银行业就业情况日趋严峻，而一线城市的 CIER 指数几乎处于最低的状态，从 0.755 下降至 0.291，降低了 61.5%。

此外，各行业在不同等级城市中的就业形势也有变化。对于新一线城市而言，2021 年第一季度至 2022 年第三季度，保险业的

CIER 指数始终高于其他两个行业，基金/证券/期货/投资业大多数时间次之，银行业的 CIER 指数较低。但在 2022 年第四季度及 2023 年上半年，三个行业的 CIER 指数相差无几，各行业均处于供过于求的状态。对于一线城市而言，从 2021 年第一季度到 2023 年第一季度，保险业和基金/证券/期货/投资业的 CIER 指数交替领先，而银行业的 CIER 指数在此期间处于低位，表明其就业市场较低迷。对于二线城市而言，2021 年第一季度至 2022 年第三季度，各行业的 CIER 指数相对排名波动较大，相比之下保险业的就业景气程度更高，银行业稍显严峻。在三线城市，基金/证券/期货/投资业的 CIER 指数除个别季度外始终高于其他两个行业，保险业的 CIER 指数较低，这表明在三线城市中保险业的毕业生就业竞争程度较高。

表 3-3　金融业细分行业分城市等级 CIER 指数

行业和城市等级	2021 Q1	2021 Q2	2021 Q3	2021 Q4	2022 Q1	2022 Q2	2022 Q3	2022 Q4	2023 Q1	2023 Q2
保险	**2.957**	**2.178**	**1.814**	**0.985**	**0.646**	**0.469**	**0.628**	**0.560**	**0.303**	**0.379**
一线	1.840	1.413	1.413	0.602	0.577	0.467	0.489	0.401	0.187	0.263
新一线	3.375	2.680	2.422	1.239	0.746	0.515	0.724	0.582	0.348	0.485
二线	3.683	2.253	1.325	1.014	0.547	0.401	0.626	0.704	0.349	0.329
三线	1.512	1.362	1.262	0.500	0.337	0.224	0.197	0.235	0.199	0.168
基金/证券/期货/投资	**1.192**	**1.136**	**1.593**	**1.458**	**0.586**	**0.446**	**0.524**	**0.540**	**0.337**	**0.356**
一线	0.753	0.714	1.528	1.909	0.601	0.439	0.452	0.464	0.260	0.257
新一线	1.694	1.628	1.377	0.850	0.569	0.468	0.598	0.578	0.391	0.419
二线	1.434	1.330	2.254	1.958	0.526	0.389	0.488	0.601	0.376	0.393
三线	2.432	2.121	3.678	1.579	1.786	0.609	0.759	1.010	0.307	1.321
银行	**1.343**	**1.652**	**0.623**	**0.364**	**0.394**	**0.379**	**0.358**	**0.481**	**0.299**	**0.399**
一线	0.755	0.918	0.381	0.240	0.226	0.232	0.226	0.327	0.171	0.291

（续表）

行业和城市等级	2021 Q1	2021 Q2	2021 Q3	2021 Q4	2022 Q1	2022 Q2	2022 Q3	2022 Q4	2023 Q1	2023 Q2
新一线	1.458	1.977	0.757	0.442	0.508	0.452	0.461	0.606	0.388	0.477
二线	2.484	2.373	0.898	0.410	0.434	0.412	0.375	0.444	0.278	0.398
三线	2.213	2.581	0.846	0.294	0.483	0.445	0.409	0.810	0.752	0.185

3.3.3　不同城市供求分析

（1）金融业总体分城市就业形势

具体到城市层面，表 3-4 报告了 2023 年第二季度金融业招聘需求排名前 20 的城市需求人数变动的情况。从需求占比来看，上海仍然是金融业的首选之地，需求人数占全国总量的近十分之一，但相比上一季度有所减少。武汉的占比为 8.93%，仅次于上海，武汉是环比增长最快的城市，与上一季度相比增长了 78%。需求人数位列全国第三位至第五位的分别是成都、郑州和北京。前五个城市共占据全国金融业需求人数的 38%。从环比变化来看，杭州和佛山是需求占比前 20 的城市中环比下降最多的城市，分别下降了 24% 和 16%。从同比变化来看，青岛和南京是需求增长最多的城市，分别增长了 94% 和 58%；成都和合肥则是需求下降最多的城市，分别下降了 45% 和 41%。

表 3-4　2023 年第二季度金融业招聘需求排名前 20 城市需求人数变动

排序	城市	2023 年第二季度		
		需求占比（%）	环比变化（%）	同比变化（%）
1	上海	9.73	−5	10
2	武汉	8.93	78	6
3	成都	8.01	−14	−45

（续表）

排序	城市	2023 年第二季度		
		需求占比（%）	环比变化（%）	同比变化（%）
4	郑州	6.67	31	38
5	北京	4.94	4	−40
6	深圳	4.81	38	−14
7	苏州	4.55	−14	26
8	杭州	4.51	−24	−15
9	石家庄	4.49	29	16
10	合肥	4.44	−10	−41
11	广州	4.24	6	−37
12	青岛	3.10	20	94
13	南京	2.99	15	58
14	重庆	2.82	43	−11
15	长沙	2.31	−5	−34
16	南昌	1.81	10	−30
17	厦门	1.65	6	51
18	佛山	1.43	−16	−9
19	济南	1.34	−3	−37
20	太原	1.31	6	21

2023 年第二季度金融业求职供给排名前 20 的城市供给人数变动的情况如表 3-5 所示。北京是金融业求职供给人数最多的城市，供给人数占全国总量的 11.03%。供给人数位于第二位至第五位的城市分别是上海、深圳、广州和成都。前五个城市共占全国金融业供给人数的 40.22%。从环比变化来看，增加最多的城市是天津和郑州，环比增长 12% 和 6%；重庆和沈阳则是供给人数占比前 20 的城市中环比下降最多的城市，分别下降了 31% 和 29%。从同比变化来看，苏州和上海是供给增长最多的城市，分别增长了 53% 和

25%；贵阳、西安和重庆则是供给下降最多的城市，分别下降了35%、32%和32%。

表 3-5　2023 年第二季度金融业求职供给排名前 20 城市供给人数变动

排序	城市	2023 年第二季度		
		供给占比（%）	环比变化（%）	同比变化（%）
1	北京	11.03	−16	7
2	上海	8.13	−15	25
3	深圳	7.17	−12	14
4	广州	6.96	−10	7
5	成都	6.93	−18	−27
6	杭州	5.34	−28	−18
7	郑州	4.52	6	13
8	重庆	3.60	−31	−32
9	武汉	3.07	−8	−12
10	南京	3.05	−22	−1
11	西安	2.78	−27	−32
12	天津	2.61	12	22
13	苏州	2.60	−11	53
14	济南	2.31	−25	9
15	合肥	2.31	−2	5
16	长沙	2.22	−7	−29
17	青岛	2.00	−9	18
18	沈阳	1.89	−29	10
19	石家庄	1.87	5	7
20	贵阳	1.80	−11	−35

　　综合分析供求情况，本书计算出各城市 2023 年第二季度金融业的 CIER 指数及其变化情况，如表 3-6 所示。整体来看，全国各

城市金融业就业形势较为严峻，在 2023 年第二季度，全国只有秦皇岛、常州和武汉三个城市的 CIER 指数高于 1。秦皇岛的 CIER 指数达 3.410，远高于其他城市，金融业就业形势较为乐观。CIER 指数位于第四位和第五位的城市是石家庄和合肥，分别为 0.901 和 0.725。从环比变化来看，CIER 指数增长最多的城市是秦皇岛和常州，环比变化为 334.7% 和 77.6%；CIER 指数下降最多的城市是咸阳和东莞，其环比分别下降了 151.5% 和 44.3%。从同比变化来看，CIER 指数增长最多的城市仍然是秦皇岛和常州，其同比变化分别为 329.4% 和 123.5%；东莞和合肥是 CIER 指数下降最多的城市，分别下降了 64.5% 和 56.7%。

表 3-6　2023 年第二季度金融业 CIER 指数排名前 20 城市指数变动

排序	城市	2023 年第二季度		
		CIER 指数	环比变化（%）	同比变化（%）
1	秦皇岛	3.410	334.7	329.4
2	常州	1.545	77.6	123.5
3	武汉	1.093	52.5	19.1
4	石家庄	0.901	16.8	7.0
5	合肥	0.725	−6.6	−56.7
6	苏州	0.659	−2.2	−14.2
7	惠州	0.658	18.4	23.9
8	咸阳	0.596	−151.5	11.0
9	青岛	0.583	13.8	22.7
10	厦门	0.568	12.5	20.8
11	大连	0.564	−5.3	33.9
12	郑州	0.555	10.5	10.2
13	南昌	0.536	3.1	−21.7
14	镇江	0.528	8.8	22.0

（续表）

排序	城市	2023 年第二季度		
		CIER 指数	环比变化（%）	同比变化（%）
15	徐州	0.498	13.3	15.3
16	威海	0.492	18.3	−51.3
17	上海	0.450	4.8	−6.2
18	东莞	0.448	−44.3	−64.5
19	太原	0.444	11.0	15.7
20	成都	0.435	1.9	−13.8

　　金融业的高校毕业生供给人数总体上远高于需求人数，这说明金融业的就业市场存在较为严重的供需失衡问题（见表 3-7）。2022 年金融业需求人数最多的城市是成都，有近 25 万，相比 2021 年增长了 27.0%。其次是上海和北京，需求人数分别为 23.9 万和 16.2 万，但这两个城市的需求人数同比分别下降了 23.7% 和 14.8%，说明其金融业需求进一步萎缩。与此同时，拥有大量高校毕业生的北京和上海是 2022 年金融业供给人数最多的两个城市，分别为 56.8 万和 40.7 万，大幅高于其需求人数且同比分别增长 86.7% 和 61.0%，这表明金融业就业市场的形势非常严峻。

表 3-7　2022 年金融业总体高校毕业生供需情况

需求人数				供给人数				
排序	城市	2022 年	2021 年	同比（%）	排序	城市	2022 年	2021 年	同比（%）
1	成都	249 918	196 797	27.0	1	北京	567 933	304 239	86.7
2	上海	239 410	313 677	−23.7	2	上海	407 147	252 964	61.0
3	北京	162 108	190 278	−14.8	3	成都	390 364	138 757	181.3
4	武汉	160 219	141 485	13.2	4	广州	328 139	130 519	151.4
5	合肥	133 313	109 911	21.3	5	深圳	283 851	119 228	138.1
6	杭州	131 051	65 944	98.7	6	杭州	267 571	95 400	180.5

（续表）

需求人数				供给人数			
排序	城市	2022 年	2021 年	同比（%）	排序	城市	2022 年	2021 年	同比（%）
7	广州	122 190	124 457	− 1.8	7	重庆	227 708	91 171	149.8
8	深圳	98 746	143 971	− 31.4	8	西安	177 787	85 414	108.1
9	郑州	81 607	116 563	− 30.0	9	郑州	174 735	71 202	145.4
10	苏州	79 855	47 631	67.7	10	武汉	157 400	70 825	122.2

（2）保险业分城市就业形势

保险业 2023 年第二季度招聘需求排名前 20 的城市需求人数变动的情况如表 3-8 所示。武汉和郑州是保险业招聘需求人数排名第一位和第二位的城市，需求占比分别达到 19.8% 和 16.2%，高于其他城市。需求占比位于第三位至第五位的城市分别是上海、石家庄和成都。前五个城市共占全国保险业需求人数的 58.8%。从环比变化来看，需求增加最多的城市是武汉和广州，分别增长了 393% 和 131%；东莞和西安则是需求人数占比前 20 的城市中环比下降最多的城市，分别下降了 51% 和 36%。从同比变化来看，石家庄和郑州是需求增长最多的城市，分别增长了 291% 和 249%；需求下降最多的城市仍然是西安和东莞，两个城市的需求同比均下降了 69%。

表 3-8　2023 年第二季度保险业招聘需求排名前 20 城市需求人数变动

排序	城市	2023 年第二季度		
		需求占比（%）	环比变化（%）	同比变化（%）
1	武汉	19.8	393	113
2	郑州	16.2	53	249
3	上海	8.4	118	3
4	石家庄	8.1	0	291

（续表）

排序	城市	2023 年第二季度		
		需求占比（%）	环比变化（%）	同比变化（%）
5	成都	6.3	−23	−61
6	杭州	6.0	−24	12
7	广州	5.3	131	30
8	南昌	4.5	66	−12
9	北京	3.4	2	−45
10	深圳	2.0	−29	−43
11	合肥	1.4	−22	−27
12	南京	1.3	−4	−46
13	天津	1.2	76	74
14	佛山	1.1	18	12
15	长沙	1.1	16	58
16	青岛	1.0	14	−34
17	西安	1.0	−36	−69
18	太原	1.0	−17	−51
19	东莞	0.9	−51	−69
20	大连	0.9	67	60

　　表 3-9 展示的是 2023 年第二季度保险业求职供给人数排名前 20 的城市供给人数的变动情况。北京是保险业求职供给人数最多的城市，供给人数占据全国总量的 8.4%。供给人数位于第二位至第五位的城市分别是广州、成都、杭州和深圳。前五个城市共占全国保险业供给人数的 35.1%。环比变化增加最多的城市是南昌和合肥，分别增长 49% 和 38%；成都和重庆则是供给人数占比前 20 的城市中环比下降最多的城市，分别下降了 25% 和 23%。从同比变化来看，长春和南昌是供给增长最多的城市，分别增长了 121% 和

96%；供给人数下降最多的城市仍然是成都和重庆，分别下降了17%和12%。

表 3-9　2023 年第二季度保险业求职供给排名前 20 城市供给人数变动

排序	城市	2023 年第二季度		
		供给占比（%）	环比变化（%）	同比变化（%）
1	北京	8.4	−2	42
2	广州	8.2	26	61
3	成都	7.2	−25	−17
4	杭州	5.7	1	1
5	深圳	5.6	17	89
6	上海	5.3	6	39
7	郑州	4.6	10	44
8	重庆	4.4	−23	−12
9	南京	3.9	−11	17
10	西安	3.6	−12	−10
11	武汉	3.4	7	9
12	济南	2.6	−22	6
13	天津	2.4	35	27
14	合肥	2.4	38	58
15	青岛	2.0	27	68
16	南昌	2.0	49	96
17	长春	1.8	27	121
18	贵阳	1.8	33	5
19	石家庄	1.8	4	14
20	苏州	1.8	30	83

在 2023 年第二季度，全国保险业就业形势普遍不容乐观，只有武汉、石家庄、郑州和咸阳四个城市的 CIER 指数高于 1，表示保险业总体处于供过于求的状态（见表 3-10）。其中，武汉的 CIER 指数最高，达到 2.179，这主要是因为武汉保险业的就业需

求相对旺盛。石家庄和郑州的 CIER 指数分别为 1.686 和 1.341，也反映了这两个城市保险业就业形势较好。20 个城市中，CIER 指数最低的城市是合肥，只有 0.225，表示合肥保险业就业供给人数远大于需求量，就业压力较大。从环比变化来看，CIER 指数增长最多的城市是武汉和郑州，其环比变化分别为 1.703 和 0.377，表明这两个城市保险业就业景气程度在该季度有较大幅度的提升；CIER 指数下降最多的城市则是咸阳和嘉兴。从同比变化来看，CIER 指数增长最多的城市是石家庄和武汉，其同比变化分别为 1.195 和 1.067，这与两个城市保险业需求人数的大幅增长相关；CIER 指数下降最多的城市是东莞和嘉兴，其同比变化分别为 −6.342 和 −2.589，表明这两个城市保险业就业形势较为严峻。

表 3-10　2023 年第二季度保险业 CIER 指数排名前 20 城市指数变动

排序	城市	2023 年第二季度		
		CIER 指数	环比变化	同比变化
1	武汉	2.179	1.703	1.067
2	石家庄	1.686	− 0.075	1.195
3	郑州	1.341	0.377	0.788
4	咸阳	1.258	− 3.657	0.167
5	南昌	0.858	0.088	− 1.043
6	东莞	0.617	− 0.546	− 6.342
7	上海	0.605	0.310	− 0.211
8	大庆	0.577	0.018	0.567
9	威海	0.567	0.195	− 0.111
10	洛阳	0.484	0.239	0.122
11	潍坊	0.439	0.195	0.064
12	杭州	0.398	− 0.129	0.039
13	成都	0.329	0.006	− 0.372

(续表)

排序	城市	2023 年第二季度		
		CIER 指数	环比变化	同比变化
14	大连	0.319	0.099	0.087
15	包头	0.306	− 0.002	0.015
16	佛山	0.292	− 0.210	− 0.346
17	嘉兴	0.288	− 0.950	− 2.589
18	广州	0.244	0.111	− 0.058
19	长沙	0.235	− 0.045	0.064
20	合肥	0.225	− 0.173	− 0.262

　　与金融业高校毕业生整体就业形势类似，保险业高校毕业生供给人数高于需求人数，就业形势较为严峻。2022 年保险业需求人数最多的城市是成都，接近 8 万，相较 2021 年增长了 23.0%；接下来是武汉和北京，需求人数分别约为 5.8 万和 3.8 万，同比分别增长了 2.7% 和 45.5%。需求人数同比增长最多的城市是杭州，相较 2021 年增长了 75.3%。在供给人数方面，成都、北京和广州是供给人数最多的城市，且均有大幅的同比增长。杭州保险业的供给人数更是同比增长 255.7%，达到 5.6 万，超过需求人数 2.2 万。此外，从表 3-11 中还可以看出，尽管北京、上海等一线和新一线城市保险业用人需求具有不同幅度的增长，但考虑到供给人数的大量攀升，高校毕业生在保险业的就业压力仍然较大。

表 3-11　2022 年保险业高校毕业生供需情况

需求人数					供给人数				
排序	城市	2022 年	2021 年	同比（%）	排序	城市	2022 年	2021 年	同比（%）
1	成都	79 985	65 026	23.0	1	成都	101 207	29 962	237.8
2	武汉	57 826	56 305	2.7	2	北京	78 318	43 255	81.1

（续表）

需求人数				供给人数				
排序	城市	2022 年	2021 年	同比（%）	排序	城市	2022 年	2021 年	同比（%）
3	北京	37 562	25 817	45.5	3	广州	61 417	19 024	222.8
4	上海	37 347	37 235	0.3	4	重庆	60 776	20 755	192.8
5	南昌	37 248	29 202	27.6	5	杭州	56 317	15 832	255.7
6	杭州	33 596	19 167	75.3	6	上海	50 967	27 087	88.2
7	郑州	23 207	50 523	− 54.1	7	西安	44 423	17 979	147.1
8	广州	19 891	27 120	− 26.7	8	郑州	39 389	16 340	141.1
9	南京	17 593	29 435	− 40.2	9	武汉	39 377	13 630	188.9
10	西安	16 962	30 238	− 43.9	10	深圳	39 329	16 502	138.3

（3）基金/证券/期货/投资业分城市就业形势

2023 年第二季度基金/证券/期货/投资业招聘需求排名前 20 的城市需求人数变动的情况展示在表 3-12 中。上海是基金/证券/期货/投资业招聘需求人数最多的城市，需求占比达到了 15.4%。需求占比位于第二位至第五位的城市分别是北京、成都、南京和合肥，前五个城市共占全国基金/证券/期货/投资业需求人数的 53.8%。环比变化增加最多的城市是石家庄和重庆，分别增长了 152% 和 41%；青岛和成都则是需求人数占比前 20 的城市中环比下降最多的城市，分别下降了 53% 和 42%。从同比变化来看，大连和厦门是需求增长最多的城市，分别增长了 589% 和 288%；郑州和成都则是需求下降最多的城市，分别下降了 59% 和 54%。

表 3-12　2023 年第二季度基金/证券/期货/投资业招聘需求排名
前 20 城市需求人数变动

排序	城市	2023 年第二季度		
		需求占比（%）	环比变化（%）	同比变化（%）
1	上海	15.4	− 38	− 18

（续表）

排序	城市	2023 年第二季度		
		需求占比（%）	环比变化（%）	同比变化（%）
2	北京	11.9	14	−35
3	成都	10.9	−42	−54
4	南京	8.1	26	222
5	合肥	7.5	−24	−46
6	武汉	5.8	−18	−51
7	苏州	5.5	2	−1
8	杭州	5.2	−28	−22
9	深圳	5.2	2	−53
10	重庆	4.9	41	11
11	厦门	4.7	4	288
12	广州	4.6	−18	−51
13	石家庄	3.9	152	−41
14	长沙	3.7	−7	−48
15	大连	3.2	−31	589
16	郑州	2.7	−17	−59
17	无锡	2.4	−3	118
18	济南	1.7	−2	−47
19	青岛	1.7	−53	−51
20	佛山	1.7	−28	53

2023 年第二季度基金/证券/期货/投资业求职供给排名前 20 城市供给人数变动的情况如表 3-13 所示。从表中可以看出，北京和上海是基金/证券/期货/投资业求职供给人数最多的两个城市，供给人数分别占全国总量的 18.2% 和 16.2%。供给人数位于第三位至第五位的城市分别是深圳、成都和广州。前五个城市共占全国基金/证券/期货/投资业供给人数的 65%，这说明我国基金/证券/期

货/投资业供给集中在北上广深等一线城市。从环比变化来看，各城市的供给人数均有不同程度的下降，西安和杭州是供给人数占比前20的城市中环比下降最多的城市，分别下降了44%和36%。沈阳和苏州是同比变化增长最多的城市，分别增长了98%和55%；西安和贵阳则是同比下降最多的城市，分别下降了52%和51%。对于我国基金/证券/期货/投资业求职供给来说，部分新一线和二线城市如苏州、沈阳等已表现出较强的增长势头，而西安、重庆、贵阳等地区则面临较大的供给减少情况。

表 3-13　2023 年第二季度基金/证券/期货/投资业求职供给排名
前 20 城市供给人数变动

排序	城市	2023 年第二季度		
		供给占比（%）	环比变化（%）	同比变化（%）
1	北京	18.2	−21	−2
2	上海	16.2	−12	34
3	深圳	12.3	−18	15
4	成都	10.4	−25	−35
5	广州	7.9	−24	0
6	杭州	7.5	−36	−20
7	重庆	5.2	−33	−40
8	武汉	4.6	−10	−17
9	南京	4.4	−19	3
10	沈阳	4.0	−31	98
11	苏州	3.8	−9	55
12	郑州	3.7	−19	−36
13	天津	3.1	−10	32
14	济南	2.9	−28	−12
15	西安	2.8	−44	−52
16	长沙	2.7	−28	−46

（续表）

排序	城市	2023 年第二季度		
		供给占比（%）	环比变化（%）	同比变化（%）
17	青岛	2.5	−35	−18
18	贵阳	2.2	−4	−51
19	石家庄	2.0	−12	19
20	合肥	1.9	−17	−22

在 2023 年第二季度，全国基金/证券/期货/投资业就业形势仍较为紧张，仅有五个城市的 CIER 指数高于 1（见表 3-14）。其中，镇江的 CIER 指数最高，达到 1.860，合肥、徐州、洛阳和厦门的 CIER 指数分别为 1.479、1.244、1.173 和 1.086，反映了这五个城市基金/证券/期货/投资业就业形势较好。长沙的 CIER 指数较低，表明长沙基金/证券/期货/投资业就业供给人数几乎是需求量的两倍，就业压力较大。从环比变化来看，CIER 指数增长最多的城市是镇江和洛阳，其环比变化分别为 0.905 和 0.529，表明这两个城市基金/证券/期货/投资业就业景气程度在该季度有较大幅度的提升；CIER 指数下降最多的城市则是泉州和大连。从同比变化来看，镇江和大连的 CIER 指数增长较多，其同比变化分别为 1.429 和 0.828；而威海和洛阳的就业形势较差。

表 3-14 2023 年第二季度基金/证券/期货/投资业 CIER 指数排名前 20 城市指数变动

排序	城市	2023 年第二季度		
		CIER 指数	环比变化	同比变化
1	镇江	1.860	0.905	1.429
2	合肥	1.479	−0.140	−0.658
3	徐州	1.244	0.498	0.808
4	洛阳	1.173	0.529	−1.133

（续表）

排序	城市	2023 年第二季度		
		CIER 指数	环比变化	同比变化
5	厦门	1.086	0.004	0.754
6	大连	0.951	-0.151	0.828
7	常州	0.786	0.201	0.528
8	石家庄	0.742	0.485	-0.757
9	威海	0.719	0.290	-1.541
10	南京	0.689	0.248	0.468
11	惠州	0.670	0.274	0.484
12	泉州	0.641	-0.171	0.250
13	扬州	0.628	0.157	-0.169
14	佛山	0.608	-0.022	0.312
15	无锡	0.579	0.090	0.348
16	中山	0.577	-0.090	0.034
17	苏州	0.553	0.057	-0.314
18	嘉兴	0.527	0.213	0.414
19	南宁	0.524	-0.130	0.105
20	长沙	0.505	0.116	-0.017

2022 年基金/证券/期货/投资业的总体高校毕业生供需情况表明，该行业的就业形势较为严峻，供大于求的趋势明显（见表3-15）。从需求人数来看，上海、成都和北京是需求最多的三个城市，需求人数共计 37.7 万。但其中上海和北京相较 2021 年出现了较大幅度的下降，而成都则有 46.6% 的同比增长。从供给人数来看，北京、上海和成都也是供给最多的三个城市，2022 年的供给人数总计 64.8 万，且均有大幅度的增长，北京和上海的同比增长超过了 70%，成都的同比增长更是达到 249%，高校毕业

生在该行业的就业竞争非常激烈。

表 3-15　2022 年基金/证券/期货/投资业高校毕业生供需情况

需求人数					供给人数				
排序	城市	2022 年	2021 年	同比（%）	排序	城市	2022 年	2021 年	同比（%）
1	上海	151 411	243 331	−37.8	1	北京	254 442	148 994	70.8
2	成都	117 969	80 494	46.6	2	上海	212 205	120 431	76.2
3	北京	107 800	132 938	−18.9	3	成都	181 753	52 073	249.0
4	合肥	65 346	36 329	79.9	4	深圳	145 560	64 457	125.8
5	武汉	57 965	42 038	37.9	5	杭州	120 786	47 388	154.9
6	广州	48 540	55 172	−12.0	6	广州	119 464	45 962	159.9
7	深圳	48 486	74 693	−35.1	7	重庆	98 281	40 341	143.6
8	杭州	44 630	33 989	31.3	8	武汉	70 971	35 415	100.4
9	苏州	34 705	23 349	48.6	9	郑州	66 692	23 875	179.3
10	长沙	30 951	45 143	−31.4	10	西安	62 893	31 290	101.0

（4）银行业分城市供需情况

表 3-16 展示了 2023 年第二季度银行业招聘需求排名前 20 的城市需求人数变动的情况。成都是银行业招聘需求人数最多的城市，需求占比达到了 10.2%。需求占比位于第二位至第五位的城市分别是苏州、上海、深圳和青岛。前五个城市共占全国银行业需求人数的 46.4%。从环比变化来看，需求增加最多的城市是深圳和常州，分别增长了 126% 和 113%；西安和苏州则是需求占比前 20 的城市中环比下降最多的城市，分别下降了 54% 和 22%。从同比变化来看，青岛和常州是需求增长最多的城市，分别增长了 1 376% 和 474%，用人需求增长幅度非常大；广州和西安则是需求下降最多的城市，分别下降了 52% 和 39%。

表 3-16　2023 年第二季度银行业招聘需求排名前 20 城市需求人数变动

排序	城市	2023 年第二季度		
		需求占比（%）	环比变化（%）	同比变化（%）
1	成都	10.2	108	5
2	苏州	9.5	− 22	69
3	上海	9.5	52	171
4	深圳	9.3	126	95
5	青岛	7.9	81	1 376
6	合肥	6.3	22	− 37
7	武汉	4.9	− 19	− 37
8	广州	4.7	− 20	− 52
9	杭州	4.2	− 19	− 32
10	郑州	4.0	11	− 26
11	重庆	3.9	100	50
12	石家庄	3.3	49	− 24
13	长沙	3.1	− 8	− 26
14	太原	3.1	12	135
15	常州	2.4	113	474
16	福州	2.4	13	32
17	佛山	2.1	− 18	− 36
18	济南	2.1	− 12	− 31
19	天津	1.9	40	133
20	西安	1.7	− 54	− 39

　　表 3-17 是 2023 年第二季度银行业求职供给排名前 20 城市供给人数变动的情况。北京是银行业求职供给人数最多的城市，供给人数占全国总量的 11.4%。供给人数位于第二位至第五位的城市分别是广州、郑州、深圳和上海，前五个城市共占全国银行业招聘供给人数的 40%。环比变化增加最多的城市是天津、石家庄和郑州，

分别增长了 26%、24% 和 24%；南京和杭州则是供给人数占比前 20 的城市中环比下降最多的城市，分别下降了 41% 和 38%。济南和郑州是同比变化增长最多的城市，分别增长了 58% 和 49%；重庆和贵阳则是同比变化下降最多的城市，分别下降了 38% 和 33%。

表 3-17　2023 年第二季度银行业求职供给排名前 20 城市供给人数变动

排序	城市	2023 年第二季度		
		供给占比（%）	环比变化（%）	同比变化（%）
1	北京	11.4	−17	4
2	广州	7.9	−19	−16
3	郑州	7.3	24	49
4	深圳	6.8	−17	−15
5	上海	6.5	−32	0
6	成都	6.3	14	−22
7	杭州	5.2	−38	−29
8	合肥	3.6	−10	2
9	天津	3.5	26	12
10	苏州	3.4	−26	39
11	西安	3.2	−23	−25
12	长沙	3.1	1	−26
13	重庆	2.8	−36	−38
14	石家庄	2.6	24	−3
15	武汉	2.5	−18	−24
16	济南	2.5	−24	58
17	青岛	2.4	13	48
18	贵阳	2.2	−34	−33
19	南京	2.1	−41	−28
20	佛山	2.1	−3	33

　　在 2023 年第二季度，银行业 CIER 指数相较保险业和基金/证券业而言较为乐观，但也仅有五个城市的 CIER 指数高于 1，表明大部分城市的银行业还是总体处于供过于求的状态。其中，常州的 CIER 指数最高，达到了 3.999，其同比和环比增长幅度也非常大，就业形势非常好；惠州、青岛、太原和苏州的 CIER 指数位于 1～1.5，以上城市银行业就业形势较好。石家庄的 CIER 指数较低，表明石家庄银行业就业供给人数多于需求人数，就业压力较大。从环比变化来看，CIER 指数增长最多的城市是常州和惠州，其环比变化分别为 2.780 和 0.651，表明这两个城市银行业就业景气程度在本季度有较大幅度的提升；CIER 指数下降最多的城市则是烟台和东莞，其环比变化分别为 －0.557 和 －0.109，表明这两个城市银行业就业形势更加严峻。从同比变化来看，CIER 指数增长最多的城市是常州和青岛，其同比变化分别为 3.541 和 1.127，表明这两个城市银行业就业形势相比去年同期有显著改善；CIER 指数下降最多的城市则是合肥和烟台。

表 3-18　2023 年第二季度银行业 CIER 指数排名前 20 城市指数变动

排序	城市	2023 年第二季度		
		CIER 指数	环比变化	同比变化
1	常州	3.999	2.780	3.541
2	惠州	1.408	0.651	0.727
3	青岛	1.252	0.471	1.127
4	太原	1.112	0.573	0.867
5	苏州	1.069	0.059	0.189
6	淮安	0.958	0.445	0.681
7	东莞	0.826	－0.109	－0.157
8	南通	0.815	0.497	0.481

（续表）

排序	城市	2023 年第二季度		
		CIER 指数	环比变化	同比变化
9	武汉	0.741	− 0.005	− 0.143
10	福州	0.729	0.329	0.281
11	合肥	0.657	0.172	− 0.396
12	烟台	0.651	− 0.557	− 0.278
13	成都	0.614	0.278	0.161
14	扬州	0.564	0.302	0.221
15	上海	0.550	0.304	0.347
16	徐州	0.548	0.213	0.024
17	重庆	0.528	0.359	0.310
18	深圳	0.520	0.330	0.293
19	镇江	0.506	0.176	0.286
20	石家庄	0.481	0.079	− 0.133

如表 3-19 所示，2022 年银行业高校毕业生供需情况表明，尽管该行业的需求人数增长明显，但供给人数在总量和增幅方面均远高于需求人数，因而银行业的就业形势也不容乐观。从需求人数来看，合肥、广州和杭州是需求最多的三个城市，需求人数共计 16.1 万。其中杭州相较 2021 年出现了 313.1% 的同比增长，合肥和广州也有超过 25% 的同比增长。从供给人数来看，北京、广州和上海是供给最多的三个城市，2022 年的供给人数总计 52.6 万，且均有大幅度的增长。北京和广州的同比增长超过了 100%，杭州的同比增长更是达到了 181.1%。此外，深圳、郑州、重庆、南京等城市的供给人数同比增长均超过 100%，高校毕业生在银行业的就业压力依然很大。

表 3-19　2022 年银行业高校毕业生供需情况

需求人数				供给人数				
排序	城市	2022 年	2021 年	同比（%）	排序	城市	2022 年	2021 年	同比（%）
1	合肥	54 706	39 999	36.8	1	北京	235 173	111 990	110.0
2	广州	53 759	42 165	27.5	2	广州	147 258	65 533	124.7
3	杭州	52 825	12 788	313.1	3	上海	143 975	105 446	36.5
4	成都	51 964	51 277	1.3	4	成都	107 404	56 722	89.4
5	上海	50 652	33 111	53.0	5	深圳	98 962	38 269	158.6
6	武汉	44 428	43 142	3.0	6	杭州	90 468	32 180	181.1
7	苏州	39 247	13 040	201.0	7	西安	70 471	36 145	95.0
8	深圳	34 143	33 931	0.6	8	郑州	68 654	30 987	121.6
9	郑州	28 811	31 086	− 7.3	9	重庆	68 651	30 075	128.3
10	重庆	23 778	12 718	87.0	10	南京	54 641	23 511	132.4

3.4　金融业不同规模和性质企业供求分析

3.4.1　不同规模企业供求分析

本书对金融业中不同规模企业高校毕业生的 CIER 指数和供需情况进行了具体分析，企业规模分为微型、小型、中型和大型四类。图 3-31 显示了各类企业的需求人数变化趋势。从图中可以看出，微型企业的需求人数最少，且在整个统计期间内基本保持稳定，没有明显的波动。大型企业的需求人数仅高于微型企业，也较为稳定，只有在 2020 年第四季度有过一次短暂的增加，之后又恢复到 10 万人左右的水平。小型企业的需求人数呈现出与大型企业相似的增长趋势，但是需求量更多，近年来维持在 20 万～30 万人。中型企业的需求人数最多，在 2021 年下半年出现了一次较大幅度的增长，达到 60 万人的峰值，但是在 2022 年开始回落，并在 2023 年第三季度降到 20 万人左右，呈现出下降趋势。

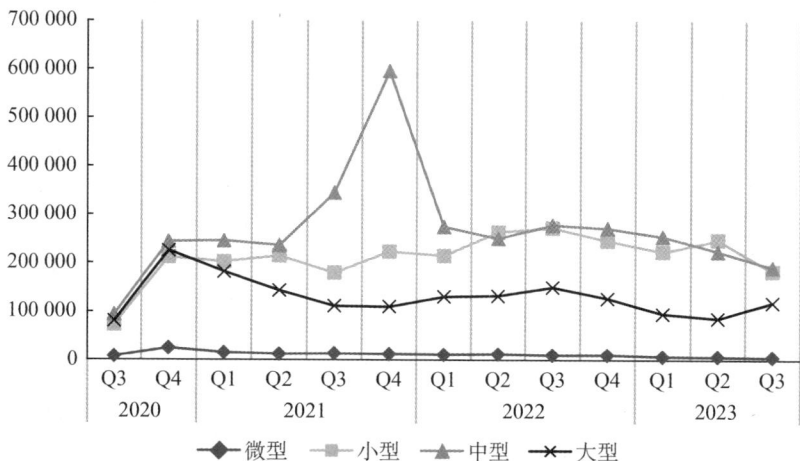

图 3-31　金融业不同规模企业高校毕业生需求人数变化趋势

图 3-32 展示了金融业不同规模企业高校毕业生供给人数的变化趋势。从图中可以看出，无论是大型、中型、小型还是微型企业，其高校毕业生供给人数都呈现出显著的增长。其中，与招聘需求类似，中型企业的高校毕业生供给人数最多，其次是小型企业和大型企业，微型企业的高校毕业生供给人数最少。

图 3-33 显示了金融业不同规模企业高校毕业生 CIER 指数变化的情况。由于不同规模企业的高校毕业生供给均大幅增加，CIER 指数均呈现下降趋势。自 2022 年开始，所有规模企业高校毕业生的 CIER 指数均低于 1，说明市场求职申请人数超过了市场招聘需求人数，就业市场竞争激烈。特别是在 2023 年第一季度后，CIER 指数均低于 0.5，毕业生就业压力较大。

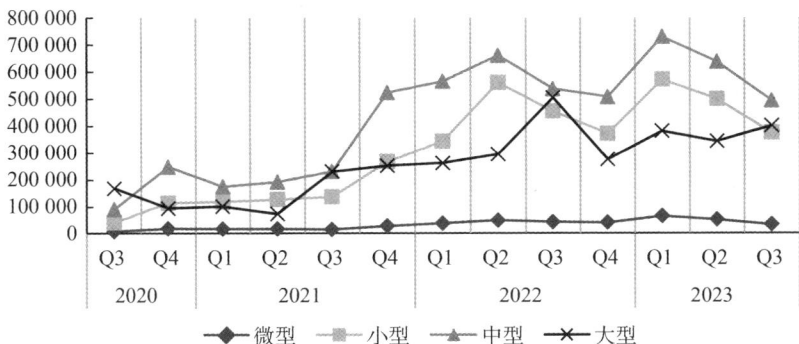

图 3-32　金融业不同规模企业高校毕业生供给人数变化趋势

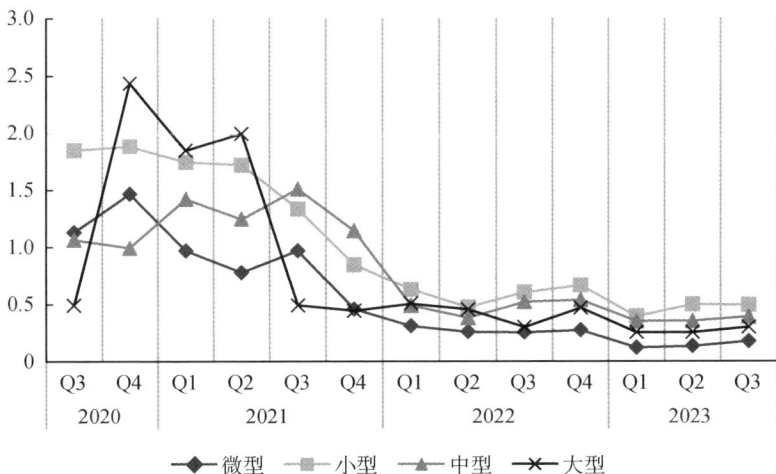

图 3-33　金融业不同规模企业高校毕业生 CIER 指数变化趋势

3.4.2　不同性质企业供求分析

本书将金融业企业按照企业性质分为六类，即股份制企业、国有企业、合资企业、民营企业、上市公司和外商独资企业，并对比分析了它们的 CIER 指数和供需变化情况。图 3-34 展示了不同性质企业对高校毕业生需求人数的变化趋势。从图中可以看出，外商独资企业、合资企业和上市公司的需求人数较少，每季度都不超过 3 万；股份制企业和民营企业的需求人数较多，股份制企业每季度的需求人数稳定在 15 万左右，而民营企业的需求人数在 20 万左右波动；国有企业的需求人数变化幅度最大，自 2020 年第四季度开始增加至 20 万左右，在 2021 年第四季度急剧上升至 50 万，又在 2022 年第一季度迅速下降至不足 15 万，之后逐渐减少至 10 万左右。

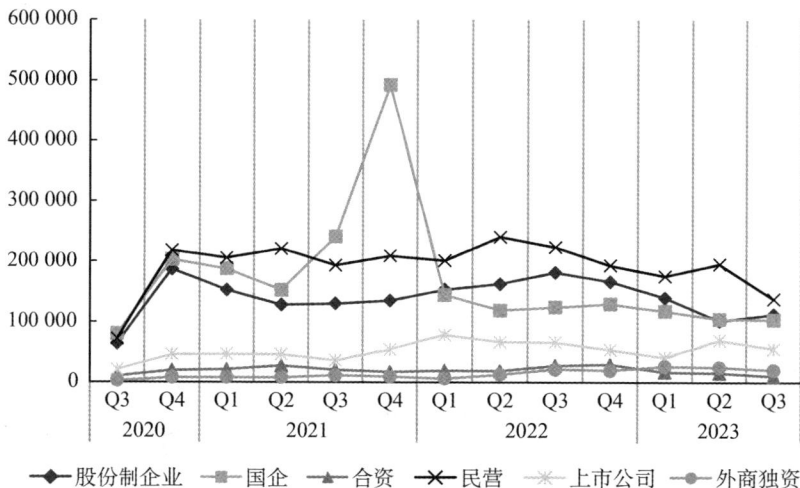

图 3-34　金融业不同性质企业高校毕业生需求人数变化趋势

金融业不同规模企业高校毕业生供给人数的变化趋势如图 3-35 所示。横向比较来看，金融业中的国有企业最受高校毕业生青睐，其 2022 年第三季度的求职人数高达 60 余万，远高于其他类型的企业。民营企业和股份制企业紧随其后，每季度的供给人数大多在 20 万以上。2021 年第四季度至 2023 年第三季度，上市公司的供给人数则维持在 10 万～20 万。合资企业和外商独资企业的供给人数较低，均在 6 万以下。

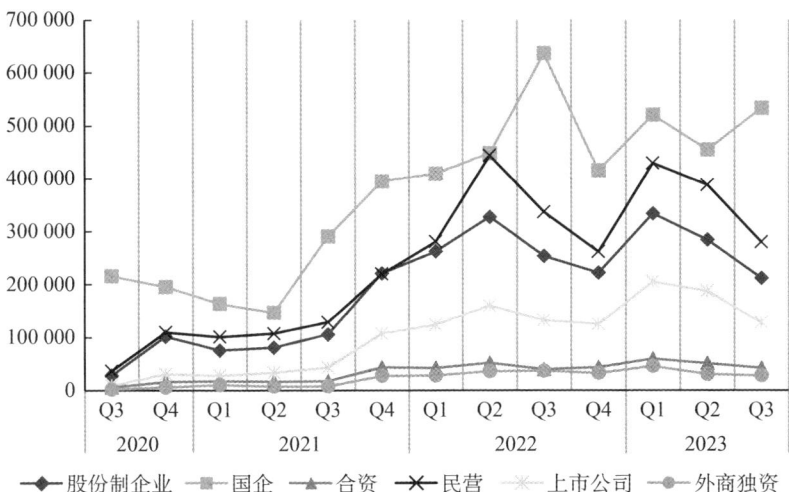

图 3-35　金融业不同规模企业高校毕业生供给人数变化趋势

图 3-36 显示的是不同规模企业高校毕业生 CIER 指数的变化趋势。从图中可以看出，各类型企业的 CIER 指数在不同时期有波

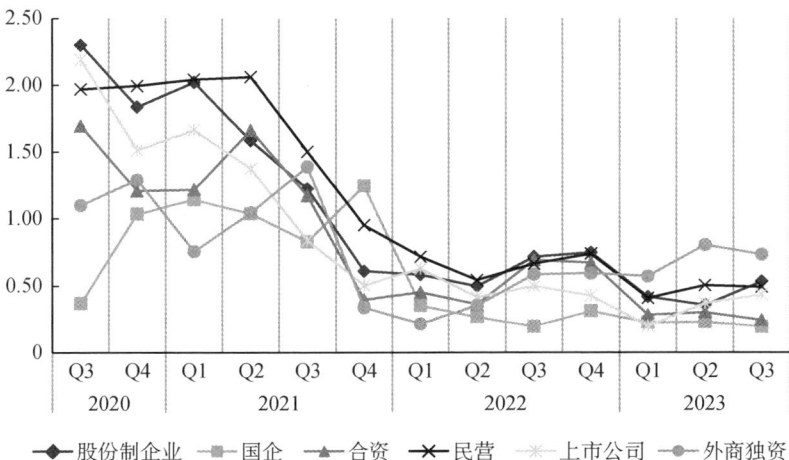

图 3-36　金融业不同规模企业高校毕业生 CIER 指数变化趋势

动，但总体都呈现出下降的趋势。自 2022 年起，所有类型企业的 CIER 指数均小于 1，就业形势非常严峻。其中，国有企业的就业压力最大，主要是由于其供给人数过多；外商独资、股份制企业和民营企业等的就业形势稍好一些，但也面临着供过于求的求职形势。

3.5 投向金融业的 2023 届毕业生画像

基于某招聘平台的数据，我们将求职者的毕业院校与教育部发布的全国普通高等学校名单[1]进行匹配。图 3-37 展示了 2022 年 7 月至 2023 年 6 月投向金融业的 2023 届毕业生的学历分布情况。本科生占比为 61.46%，硕士生占比 21.70%，大专生占比 16.31%，博士生和工商管理硕士/高级管理人员工商管理硕士（MBA/EMBA）合计占比不足 1%。在高校不断扩招的背景下，投向金融

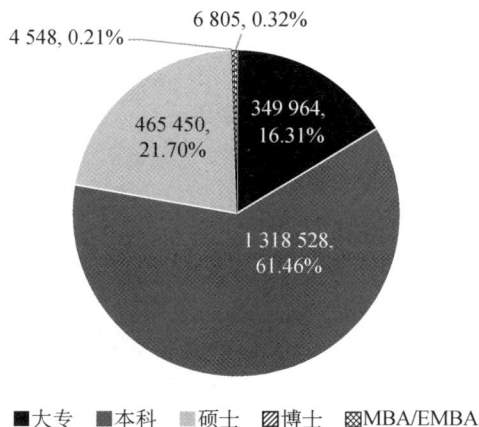

图 3-37 2023 届投向金融业的高校毕业生学历分布

[1] 中华人民共和国教育部. 全国高等学校名单［EB/OL］.（2023-06-15）［2024-10-08］. http://www. moe. gov. cn/jyb _ xxgk/s5743/s5744/A03/202306/t20230619 _ 1064976. html.

业的具有本科和研究生学历的求职者合计占比超过八成。

在 2023 届金融业求职的高校毕业生当中，投递简历数量位于前 20 位的专业分布如图 3-38 所示。前 20 位的专业学科大类以管理学类为主，其中会计学类的高校毕业生供给量位居第一，超过其他各专业的毕业生。与会计学类似的专业还有财务管理，位列各专业毕业生供给量第二位。管理学专业的毕业生在金融业的投递人数较多，竞争激烈。在金融科技不断发展的背景下，软件工程、电子信息、通信工程等专业的毕业生投递金融业的人数也较多。

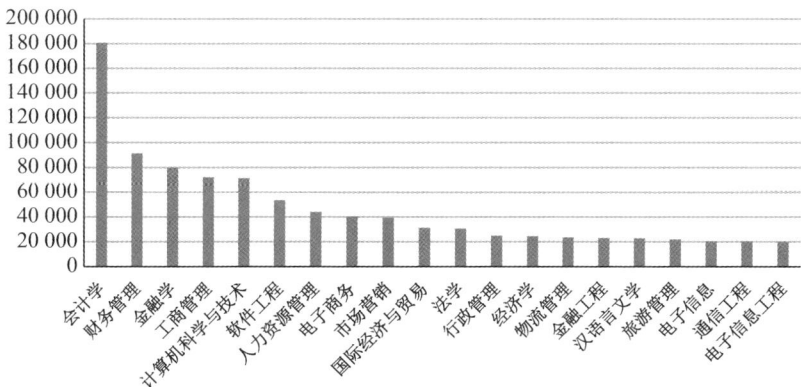

图 3-38 2023 届金融业高校毕业生求职专业分布（前 20 位）

图 3-39 展示了 2023 届金融业求职人数排名前 20 位的毕业生院校[1]。数据分析表明，投向金融业的前 20 位毕业院校中，财经类院校占多数。排名前五位中，西南财经大学、对外经济贸易大学、东北财经大学均为财经类院校。在金融科技不断发展的背景下，电子科技大学、北京邮电大学等计算机强校也进入了院校前

---

[1] 图中仅展示了公办全日制本科投递人数最多的前 20 所学校。原始数据中，国家开放大学、贵州黔南经济学院、西南财经大学天府学院这三所学校也在投递数量前 20 位院校中，但并非公办全日制本科。

20～50 的榜单中，两校投向金融业的人数均在 4 000 以上。

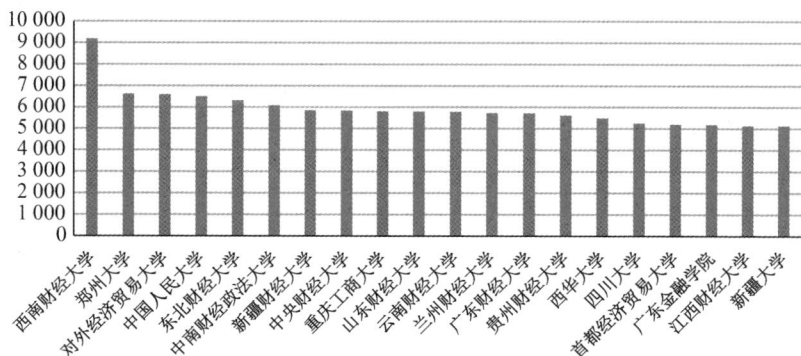

图 3-39　2023 届投向金融业的高校毕业生学校分布（前 20 位）

图 3-40 展示了金融业 2023 届毕业生的求职简历投递时间。可以看出，不同学历的高校毕业生投递时间有一定差别。硕士生在秋招时投递简历比春招时更多，而本科毕业生在春招时投递简历比秋招时更多。主要原因是考研后，落榜本科毕业生的发展规划大部分

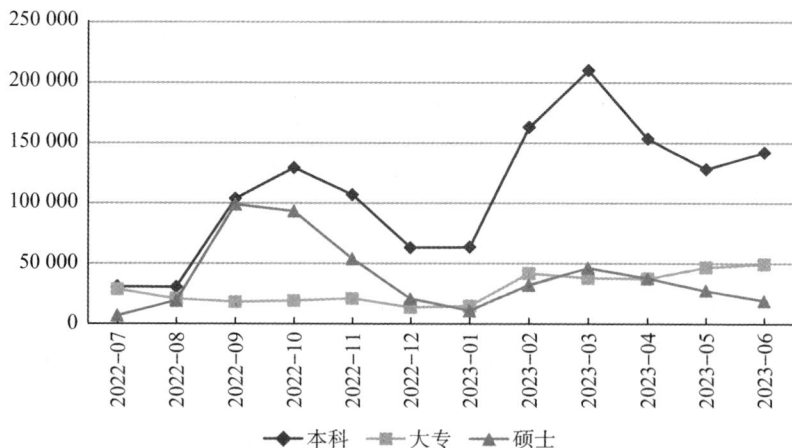

图 3-40　2023 届不同学历金融业求职的高校毕业生简历投递时间

会由读研转变为求职就业。大专学历的毕业生以春招投递为主，且投递持续到 6 月毕业季。随着毕业季临近，大专生投递简历的人数不断增加，这很容易导致这些毕业生成为上一届未就业的高校毕业生。

根据 2017 年教育部公示的"双一流"建设高校名单[1]，一流大学建设高校共 42 所，一流学科建设高校 95 所。2023 届毕业生投向金融业的求职人数中"双一流"高校分布情况如表 3-20 所示。从表 3-20 可以看出，一流大学和一流学科建设高校的投递人数合计占比约为 16%，投向金融业的高校毕业生以非"双一流"高校为主。

表 3-20　2023 届投向金融业的毕业生的毕业院校分布情况

毕业院校	投递人数	占比（%）
一流大学建设高校	151 541	5.69
一流学科建设高校	265 855	9.98
非"双一流"院校	2 246 444	84.33
总计	2 663 840	100

［1］　中华人民共和国教育部."双一流"建设高校名单［EB/OL］.（2017-12-06）［2024-10-08］. http://www. moe. gov. cn/s78/A22/A22 _ ztzl/ztzl _ tjsylpt/sylpt _ jsgx/201712/t20171206 _ 320667. html.

第 4 章

金融业对高校毕业生知识和能力要求

4.1 金融业所需的证书、能力要求及毕业生短板分析

4.1.1 金融业所需的证书

金融业是一个高度专业化和复杂的领域。拥有相关证书可以证明个人已经获得了必要的知识。最重要的是，金融业证书的考试范围通常涵盖行业内的最新标准和法规，持有证书工作能够确保工作与法规一致，降低潜在的法律风险。此外，金融业竞争激烈，许多岗位要求候选人拥有相关证书。拥有这些证书可以提高就业机会，成为更有吸引力的候选人。所以我们在研究能力要求之前，首先要从专业知识的角度，研究金融业所需要的证书。

问卷调查结果显示，证券/基金从业资格证作为一种准入证书，是金融业最普遍的具有含金量的证书。

其中，证券从业资格证是进入证券业的必备证书，也是从事银行和其他金融业工作的重要参考，被称为证券业的准入证。证券从业人员资格考试是由中国证券业协会负责组织的全国统一考试，考核内容涉及证券、基金、银行、期货等多方面知识。通过基础科目和一门专业科目的人员，即取得从业资格。

　　基金从业人员资格考试由中国证券投资基金业协会组织，作为证券从业人员资格考试体系的一部分，旨在考核基金从业人员的基本知识和专业技能。考试内容包括"基金法律法规、职业道德与业务规范""证券投资基金基础知识"和"私募股权投资基金基础知识"三个科目，科目一为必考项，科目二和科目三可以任选其一参加考试。基金从业人员具备资格注册条件的，应通过所任职机构在从业人员管理平台注册取得基金从业资格（含基金销售业务资格），才能从事基金相关业务，因此，基金从业资格证相当于进入基金行业的敲门砖。

　　在调查过程中，有 19.24% 的人认为，注册会计师（CPA）、英国特许公认会计师（ACCA）等会计类证书对于其所在的岗位具有较高的含金量。

　　注册会计师全国统一考试是中华人民共和国国家级执业资格考试，通过考试者获颁注册会计师证，可以从事审计、统计、经济等专业工作，拥有唯一审计签字权。注册会计师全国统一考试分为专业阶段考试和综合阶段考试。专业阶段考试包括会计、审计、财务成本管理、公司战略与风险管理、经济法和税法六门科目，单项科目分数在 60 分及以上即合格。综合阶段考试分为"职业能力综合测试（试卷一）"和"职业能力综合测试（试卷二）"。2021 年，全国综合阶段考试的合格率为 72.77%，专业阶段考试的平均合格率仅为 22.91%，会计科目的合格率更是低至 15.92%。

　　英国特许公认会计师是经英国特许公认会计师公会资格评审委员会评定的、国际认可范围最广的财务人员资格证书。特许公认会计师考试共有 15 门科目，通过 13 门科目的考试即可获得资格证书。考试分为应用知识阶段、应用技能阶段和战略专业阶段，考察内容涵盖管理会计、财务会计、税务、公司法、商法等多方面知识。根据 2024 年 6 月考季数据，应用知识阶段各科目的通过率在

65%以上，应用技能阶段各科目通过率在40%～80%，战略专业阶段的必修科目和选修科目通过率仅在50%左右，其中高级审计与鉴证和高级业绩管理两门课程的通过率仅为37%。

问卷调查中发现，15.58%的受访者认为，特许金融分析师（CFA）具有较高的含金量。CFA是由美国投资管理与研究协会（AIMR）设立的特许金融分析师职业资格认证，它是全球投资行业最高水平并受到最高道德标准约束的证书之一。CFA考试内容广泛，共分为三级，其一级和二级考试的科目有十门，三级考试的考试科目有七门，涵盖经济学、定量方法、衍生品等多类内容。根据CFA协会统计，2010—2022年，CFA一级考试平均通过率为42%，二级考试平均通过率为45%，三级考试平均通过率为54%。只有通过了一级考试才能够报名二级考试，二级考试通过后才能报名三级考试，不可跨级考试。CFA证书在全球范围内被广泛认可，曾被《金融时报》比喻为投资专才的"黄金标准"。

6.2%的受访者认为，北美精算师具有较高的含金量。美国的北美精算师协会（SOA）是国际上非常具有代表性和权威性，规模较大、拥有较多会员精算师的组织，拥有会员约三万名。北美精算师协会在中国的会员约有830人。中国大陆会员主要集中在北京、上海和深圳。北美精算师协会是全球性的精算教育和研究机构，已经发展为世界上专业的精算师协会，为全球培养优秀的精算师，并授予资格证书。

除了上述证书外，法律职业资格证书、计算机相关证书以及金融风险管理师（FRM）证书都与工作岗位高度相关，但在整个金融业的需求占比较低。

问卷调查结果汇总如图4-1所示。

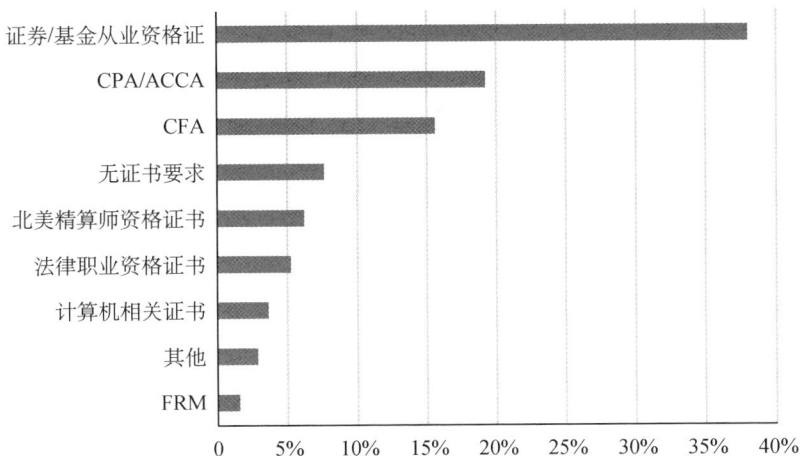

图 4-1　金融业就业所需的证书

4.1.2　金融业就业所需的关键能力

　　基于新人力资本理论，结合冰山模型和金字塔模型，基于金融业招聘大数据、现有文献[1]和行业报告的分析，我们确定了能力研究框架。首先，我们通过对金融业五万条校园招聘广告进行词频分析，得到了十项基本的能力，包括英语四级、办公软件、数据分析、沟通表达、团队合作、执行力、学习能力、抗压能力、上进心、职业道德，这十项技能的重要性水平显著高于其他技能的重要性。在访谈的过程中，部分人力资源（HR）人员特别提到文书写作、耐心细致、风险意识、保密意识以及创新能力，所以我们在问卷调查过程中又加入了以上五种能力。按照金字塔模型中硬技能和软技能的能力框架，我们最终确定了问卷调查中金融业就业所需的

---

[1]　Deming D, Kahn L B. Skill requirements across firms and labor markets: evidence from job postings for professionals [J]. Journal of Labor Economics, 2018, 36 (51)：S337–S369.

能力，包括四项硬技能和 11 项软技能。问卷中各项能力的定义如表 4-1 所示。

表 4-1 各项能力划分及其定义

硬技能		
基本技能	数据分析	对数据进行深入研究和分析的能力，包括对公司财务数据，交易行情数据，不同产业、国家以及全球范围内的各类经济数据的分析能力
	文书写作	在写作时有效地表达和传达思想、观点和信息的能力
	数字化工具应用	使用数字化工具和技术方面的熟练程度和能力。数字化工具包括 Office 套件等办公软件、Python 等数据处理和分析工具、Zoom 等沟通协作工具、电子邮件等数字营销工具等
	外语	听、说、读、写以及理解外语的能力水平
软技能		
应用层	沟通表达	有效地通过口语传达信息、思想、观点和意图的能力
	团队合作	在变化的环境中根据组织需要扮演不同角色，为达成目标和完成工作任务能与他人通力合作，为消除冲突主动与相关人员进行沟通，重视并维护集体名誉的能力
	学习能力	正确评估自身学习需要，了解自身学习方式，能采用适当的技术手段开展学习的能力
	创新能力	不墨守成规，积极寻求新思路，提出新方法和解决方案以改进工作的能力
	执行能力	计划并组织资源以完成既定目标的行动能力
修炼层	抗压能力	面对压力、挫折和逆境时，能够保持心理平衡和稳定，有效应对和适应的能力
	自驱力	个人内在动力和意愿，能激发自身主动追求目标、克服困难、取得成就
	保密意识	对于保密信息的重要性的认识和意识
	耐心细致	在处理事务和面对困难时保持耐心和细致的态度和行为，包括对待任务的耐心，以及对细节的关注和处理能力
	风险意识	对潜在风险和不确定性的认知、理解和敏感度，包括预见风险、认知风险、评估风险以及应对风险等

（续表）

软技能		
修炼层	职业操守	在职业领域中表现出的道德、伦理和职业行为准则。包括诚信，保护客户利益，保密和保护客户的隐私，遵守法律法规和道德规范，责任心和服务意识等

　　通过问卷调研，我们发现在金融业中，数据分析、文书写作和数字化工具应用这三项硬技能发挥着越来越重要的作用。问卷调查中硬技能的重要性排序如图 4-2 所示。

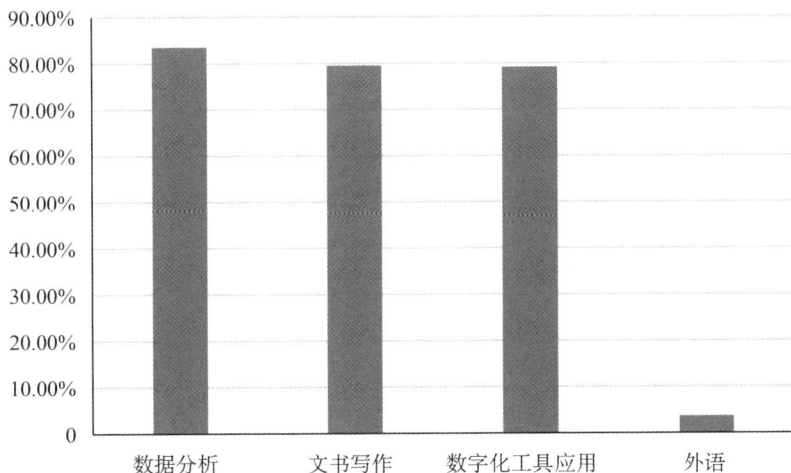

图 4-2　硬技能重要性排序

　　有超过 80% 的受访者认为，数据分析能力对于其所在岗位具有重要作用。因为金融业务往往涉及大量数据，所以数据分析能力能够帮助机构准确地预测趋势、评估风险，并做出明智的决策。此外，在放贷的过程中，金融机构需要根据客户的信用历史和财务状况数据来做出信贷决策；在投资过程中，数据分析可以帮助机构识别投资机会，分析资产的风险和回报等。因此，数据分析能力在金融业的硬技能需求方面最为重要。

此外，高水平的文书写作能力在金融领域同样重要。金融业涉及大量的报告、合同、市场分析、投资建议等文书，这些文档需要足够清晰、精确和专业，以便有效地传达信息和决策。良好的文书写作能力不仅对于金融分析师撰写关于市场趋势、公司业绩、投资机会等方面的研究报告具有重要作用，对于风控、法务等中台人员撰写符合法律法规的文件和报告也十分必要。

随着科技的飞速发展，数字化工具应用的重要性日益凸显。区块链技术、人工智能以及金融机构提供的新型金融产品和服务，无一不与数字化有关。数字化工具便于优化金融业务流程，提高效率，减少手动操作，降低操作风险，这就要求金融从业者熟练运用各种金融软件和分析工具，如数据分析工具、电子交易平台、风险管理系统等，为决策提供有力支持。

总之，数据分析、文书写作、数字化工具应用这些硬技能，已经成为金融从业者在竞争激烈的市场中脱颖而出的关键要素和重要本领。

在包含 11 项软技能的能力要素清单中，沟通表达、学习能力以及执行能力被普遍认为是最为重要的三项能力。在金融业，无论前台还是中后台，良好的沟通表达能力都扮演着关键角色。对于前台部门来说，沟通表达是建立和维护客户关系的基础，通过明确、清晰的沟通，前台工作人员可以理解客户需求、提供投资建议和推销金融产品。对于中后台部门来说，他们需要及时与内部人员沟通，有效的沟通可以帮助确保中台风险管理策略和后台人事管理制度得以落实。

金融业聚集众多"学霸"，这也体现了学习能力对于金融业的重要性。金融市场和法规经常发生变化，从业者需要不断学习新的金融工具，了解新的市场动态和掌握新的法规，以保持竞争力。此外，金融产品和服务通常非常复杂，要求从业者具备深入的专业领域知识和良好的学习能力，帮助金融专业人员提高自身能力，为客户提供专业化的建议。

金融业随叫随到（on call）的工作状态体现了执行能力的重要性。金融机构需要为客户提供高效的服务，包括快速的交易执行、投资组合管理和问题解决，良好的执行能力有助于满足客户需求。金融从业者必须能够迅速做出投资决策，以抓住市场机会或降低风险，有效的执行能力能确保决策得以实施，获得预期的回报。

因此，沟通表达、学习能力和执行能力这三项品质，是金融业就业不可或缺的能力。问卷调查表明，各项软技能重要性排序如图4-3所示。

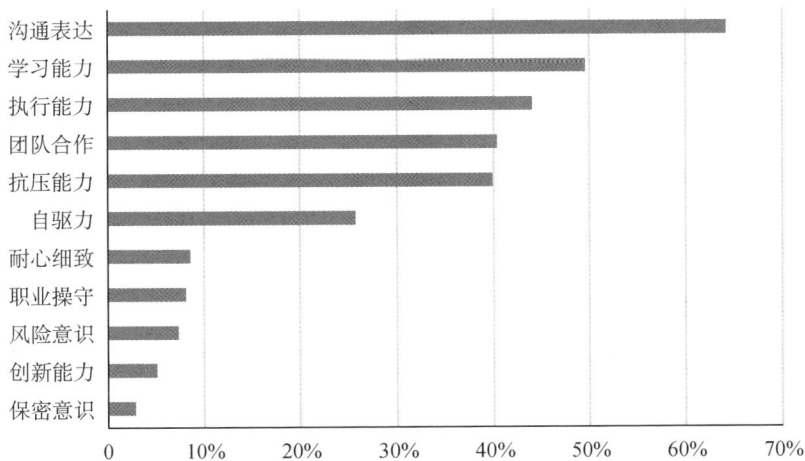

图4-3　软技能重要性排序

为更为客观地反映金融业对高校毕业生的能力需求，我们利用网络招聘平台大数据，针对 2022 年 9 月—2023 年 3 月在智联招聘网站上刊登的金融业高校毕业生招聘广告，借助生成式人工智能对四项硬技能和 11 项软技能进行词频分析，并计算了其重要程度，得到了下述硬技能和软技能频次得分排序，如图 4-4 所示。

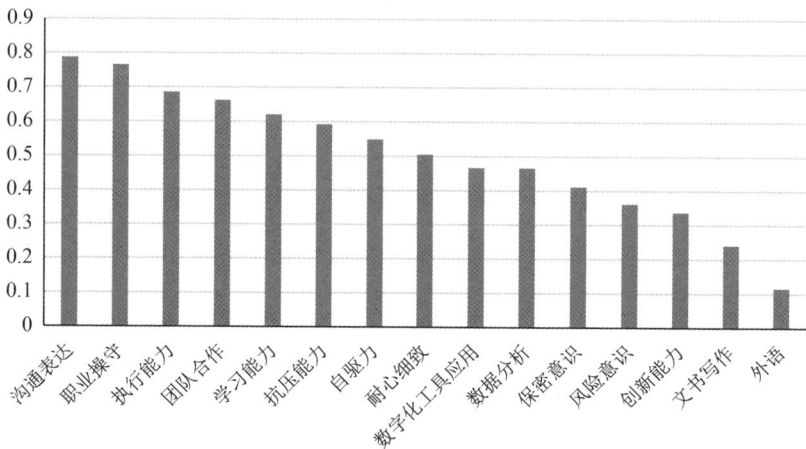

图 4-4　招聘广告中的技能重要性排序

从图 4-4 中可以看出，金融作为一种典型的服务业，对毕业生的软技能提出了比硬技能更高的要求。在各项能力中，沟通表达、职业操守、执行能力、团队合作等软技能的重要性明显高于数字化工具应用、数据分析等硬技能，其他具体各项技能的重要程度与问卷调查结果基本一致。

值得注意的是，职业操守在问卷调查结果和招聘广告词频分析结果中的重要性存在较大差异。原因主要在于：问卷中的职业操守内涵包括责任心和服务意识，但问卷填写者仅根据直观理解，未能注意到职业操守的定义中包括责任心和服务意识，所以职业操守在问卷调查结果中的重要程度较低。生成式人工智能按照给出的标准定义对招聘广告进行客观性词频分析，所以得出了职业操守重要性较高的结果。事实上，责任心和服务意识是金融业十分重要的软技能。对于前台部门来说，他们需要积极倾听客户的需求、解决问题、提供帮助，并确保客户感到满意，责任心和服务意识在这一过程中尤为重要。良好的职业操守不仅有助于员工为客户提供优质的服务，与客户建立信任关系和使金融机构获得良好的声誉，还有利于员工未来的职业发展。

4.1.3　毕业生能力短板

　　问卷调查发现，在近两年新录用的毕业生中，数字化工具应用能力呈现出提升趋势，这无疑迎合了当今数字化时代的需求。年轻人熟练运用各种数字工具，能够高效地处理和呈现数据，为部门的工作效率带来显著的提升。然而，除了这一能力优势外，毕业生的硬技能也存在一些普遍需要关注和进一步加强的方面。具体来说，数据分析能力和文书写作能力较弱，如表4-2所示。有43.08%的受访者认为，高校毕业生在数字化工具应用方面表现比较好；但仅有32.27%和31.16%的受访者认为，高校毕业生在数据分析和文书写作方面表现比较好，这两项硬技能的优良度低于数字化工具应用优良度约10个百分点。对于平均分最低的文书写作能力，近一半的受访者认为高校毕业生的文书写作能力表现一般，仅有不足10%的受访者认为表现好。

表4-2　高校毕业生各项硬技能表现得分

技能	差（%）	比较差（%）	一般（%）	比较好（%）	好（%）	平均分
数据分析	1.43	8.74	48.49	32.27	9.06	3.39
文书写作	1.91	6.52	52.15	31.16	8.27	3.37
数字化工具应用	0.48	5.72	39.27	43.08	11.45	3.59
外语	0.79	3.82	48.33	36.57	10.49	3.52
小计	1.15	6.2	47.06	35.77	9.82	3.47

从近两年高校毕业生的表现来看，其软技能方面呈现出一些显著的特征，在职业操守、学习能力、沟通表达、保密意识这些软技能方面展现出较强的特点。优秀的职业操守反映出高校毕业生在职场中的诚信和责任感，这是建立良好职业声誉的基础。学习能力强意味着他们能够不断地吸收新知识和技能，与不断变化的环境保持同步。在现代多元化的团队中，沟通表达有助于建立协作关系，有效地传递信息和观点。保密意识较好反映高校毕业生具有较强的信息安全意识，有助于降低信息泄露风险。在各项软技能中，抗压能力、自驱力以及创新能力是高校毕业生三项较弱的能力。高校毕业生各项软技能表现得分如表 4-3 所示。

表 4-3　高校毕业生各项软技能表现得分

技能	差（%）	比较差（%）	一般（%）	比较好（%）	好（%）	平均分
沟通表达	0.16	2.23	33.55	52.46	11.61	3.73
团队合作	0.32	3.18	38.16	47.38	10.97	3.66
学习能力	0	2.54	27.66	54.69	15.1	3.82
抗压能力	0.95	13.51	49.44	27.19	8.9	3.30
执行能力	0	3.02	40.86	45.15	10.97	3.64
创新能力	0.32	7.47	51.35	31.16	9.7	3.42
自驱力	0.79	9.06	50.24	31.00	8.9	3.38
保密意识	0.79	4.61	31.32	47.38	15.9	3.73
耐心细致	0	3.82	38.47	46.9	10.81	3.65
风险意识	0.32	6.36	38.47	42.13	12.72	3.61
职业操守	0	1.44	24.44	54.47	19.65	3.92
小计	0.33	5.22	38.53	43.63	12.29	3.62

表 4-3 仅展示了各项软技能表现的平均得分，但该得分在统计上是否存在显著差异，需要通过检验判断。表 4-4 是 t 检验的结果。以第一行的职业操守最后三列的数值为例，其含义是：职业操

守的表现得分平均高于创新能力 0.496 分，平均高于自驱力 0.539 分，平均高于抗压能力 0.625 分，且均在 1% 水平上显著。同时第一行的结果也表明，职业操守的表现明显优于除学习能力之外的其他各项能力。表 4-4 最后三列的结果显示，抗压能力、自驱力以及创新能力三项能力的实际表现显著低于其他各项能力，这与表 4-3 的描述统计结论基本相符。

表 4-4　各项能力的实际表现 t 检验

能力	职业操守	学习能力	沟通表达	保密意识	团队合作	耐心细致	执行能力	风险意识	创新能力	自驱力	抗压能力
职业操守		0.097	0.189***	0.191***	0.266***	0.273***	0.280***	0.315***	0.496***	0.539***	0.625***
学习能力			0.092	0.094	0.169***	0.176***	0.183***	0.218***	0.399***	0.442***	0.528***
沟通表达				0.002	0.076	0.0843	0.091	0.126	0.307***	0.350***	0.436***
保密意识					0.075	0.083	0.089	0.124	0.305***	0.348***	0.434***
团队合作						0.008	0.014	0.049	0.231***	0.273***	0.359***
耐心细致							0.006	0.041	0.223***	0.266***	0.351***
执行能力								0.035	0.216***	0.259***	0.345***
风险意识									0.181***	0.224***	0.310***
创新能力										0.043	0.129

（续表）

能力	职业操守	学习能力	沟通表达	保密意识	团队合作	耐心细致	执行能力	风险意识	创新能力	自驱力	抗压能力
自驱力											0.086
抗压能力											

注：*** $p<0.01$，** $p<0.05$，* $p<0.1$，以下各表同。

　　导致毕业生抗压能力表现较差的原因是多方面的。现代职场竞争激烈，高校毕业生确实面临来自同龄人和社会的巨大竞争压力；教育体制常常侧重应试教育，注重知识传授，而忽视了综合素养中抗压能力的培养，这导致了许多大学生在面对实际问题时不知如何应对；还有一些因素也可能导致大学生的抗压能力表现不及预期，如社交媒体和互联网的广泛使用使大学生容易受到更多负面影响，包括社交焦虑、自我评价与实际情况脱节等。一些大学生可能来自过于保护或溺爱的家庭，缺乏独立解决问题和应对挫折的经验，从而降低了他们的抗压能力。抗压能力的不足不仅会导致在紧张的工作环境下难以高效完成工作任务，而且当压力过大时他们往往产生辞职的想法，甚至导致抑郁症等。

　　自驱力，即个人内在动力和意愿，能激发自身主动追求目标，克服困难，取得成就。自驱力往往与长时间承受高度压力或持续疲劳相关，在这种情况下，个人可能会失去自驱力，而自驱力的欠缺则可能影响持续的自我提升和目标实现。某企业人力资源负责人表示，当前高校毕业生在自驱力的表现方面呈现两极分化的状态，"内卷"与"躺平"两种现象都十分普遍，整体缺乏良性的自我激励。

　　金融业是一个竞争激烈、高度同质化的服务行业，创新可以帮助金融机构获得竞争优势。通过开发新产品、提供独特的服务或改进现有流程，金融机构可以吸引更多客户并提高市场份额。金融从业者有必要提高创新能力，为客户提供更好的体验，提高效率，降低成本，管理风险，并开拓新的商机。

综合来看，这些软技能的表现评价为毕业生提供了明确的发展方向。通过针对抗压能力、自驱力以及创新能力的培训，可以更好地应对职场挑战。同时，继续巩固和发展职业操守、学习能力、沟通表达能力、保密意识这些优势，将有助于他们在职业道路上不断取得更大的成就。

图 4-5 综合展示了所有硬技能和软技能的表现得分排序。

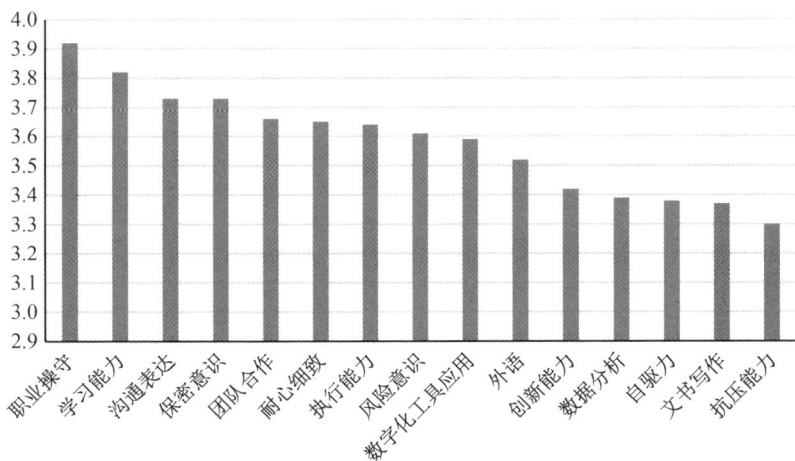

图 4-5　硬技能和软技能表现得分排序

下面我们同时结合重要性和表现得分进行分析。根据问卷调查结果，在进行能力标准化后，我们按照毕业生各项能力表现（即良好度）以及重要性绘制了坐标图，如图 4-6 所示。横轴表示各项能力的重要性，纵轴表示其良好度，对良好度和重要性两个维度均进行了匹配分析。结果表明，在软技能中，学习能力、沟通表达的重要性和良好度均较高；执行能力、团队合作的重要性和良好度处于中等水平。值得注意的是，抗压能力和自驱力是相对重要的软技能，但这两项能力良好度则不尽如人意，毕业生应重点关注上述能力的培养和提高。

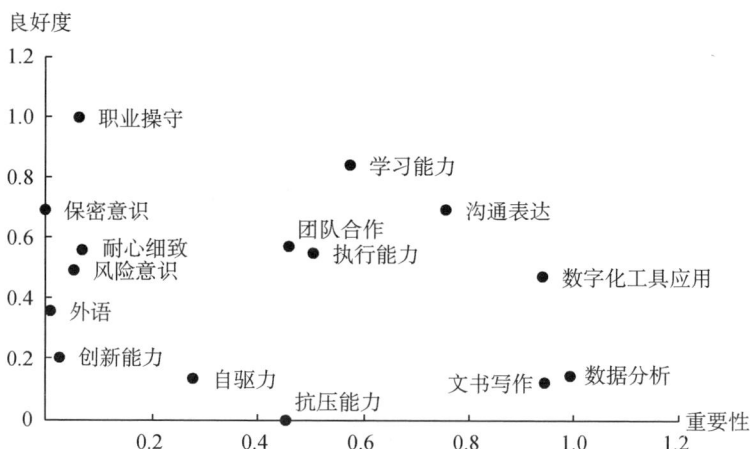

图 4-6　重要性-良好度坐标图

4.1.4　能力考察方式及过程分析

就业能力（特别是软技能）具有隐形特征，不易观察和评价。为了给企业招聘提供有效的能力考察方式，我们通过问卷收集了关键能力要素的考察方式，将 60% 以上受访者认为较为合适的考察方式标记为 +++ ，50% 以上标记为 ++ ，40% 以上标记为 + 。表 4-5 展示了关键能力要素及其适用的考察方式。调查发现，实习几乎是考察所有能力的最为重要的方式。随机演讲、情景模拟，结构化面试，无领导小组讨论等面试环节也是测评各项能力的重要方式。心理素质测评是抗压能力、保密意识、职业操守的重要考察方式。专业科目笔试则是硬技能的重要考察方式。

表4-5　关键能力要素及其适用的考察方式

	公共科目笔试	专业科目笔试	随机演讲、情景模拟	结构化面试（含半结构）	无领导小组讨论	心理素质测评	实习
数据分析		++	+++	++	+		++
文书写作	+	+	++				+
数字化工具应用		++					++
外语			+++				
沟通表达			+++	+	+++		
团队合作			+		+++		++
学习能力	+	+++					++
抗压能力			++	+	+	+++	
执行能力					+		+++
创新能力			+++	+			++
自驱力						++	+++
保密意识				+		+++	+++
耐心细致							+++
风险意识		+				+	+
职业操守				+		+++	++

通过访谈多位金融业企业人力资源部负责人，我们总结了以下招聘流程对应的能力考察过程。招聘考察方式通常分为笔试、初面、实习、终面四部分。在简历筛选方面，通过院校、专业、实习经历等三方面的关键词进行筛选，合格人选将进入笔试环节。

笔试内容主要包括三个部分，测量候选人的读写等能力和心理健康程度。第一个部分是岗位胜任力测试。部分企业会借助北森等平台，基于优秀员工提取常模，应聘者与模型匹配度在50%以上则合格。第二个部分是心理测评。应聘者符合基本心理素质的要求即可，有高风险、较高风险的心理问题者不予录用。某机构负责人表示，通过近年来的心理测评可以发现，高校毕业生的心理越来越脆弱。第三个部分是智商测试，包括图形、逻辑关系等行测类题型，属于对基本认知能力的判断。以上三方面均满足要求，则通过笔试，通常来说，没有金融相关的专业能力测试。

在初面环节，通过一对一、一对多、多对一的形式，采取结构化面试、无领导小组讨论、随机演讲、情景模拟、角色扮演等方式深入考察候选人的真实情况，同时考察其专业和胜任力素质，将面试测评结果与胜任力模型进行匹配。在这个过程中，用人单位也十分看重候选人的培养潜力，择优进入下一环节。面试环节通常会由人力资源相关专家带动引导面试，进行观察，最终将观察结果提供给业务部门作为参考。

实习考察通常以在岗实习的方式进行，持续1~3个月不等。候选人在导师指导下进行客户拜访、课题研究等实务性工作，真实感受职场工作。在最终的专业答辩环节，由部门内部成员进行考核并打分，重点考察专业能力、人际交往和表达能力。

终面的面试官通常为"班子成员＋高管"，形式为无领导小组讨论，重点考察候选人的快速学习能力、团队协作能力、思维能力和反应能力等。

通过上述整个招聘流程，企业可以有效考察候选者的各项能力，最终选取综合能力较高的候选者进行录用。

4.2　不同行业及岗位的证书要求、能力要求及能力短板

4.2.1　金融业岗位划分

金融业包括银行、保险、证券、基金等，是一个多元化的行业。金融业职位体系是一个多层次的分布体系，涵盖了从基层操作岗位到高级管理岗位的各种职位。金融业常见的职位包括以下六类。

• 基础岗位：这些职位通常是金融机构中的入门级岗位，要求基本的操作和执行能力。例如，银行的柜员、证券公司的交易员助理等。

• 专业岗位：这些职位要求较高的专业知识和技能，通常涉及特定领域的分析、决策和执行能力。例如，投资分析师、信用分析师等。

• 销售与市场岗位：这些岗位主要与客户互动，需要良好的沟通和销售能力。例如，客户经理、投资顾问等。

• 风险管理与合规岗位：在金融业中，风险管理和合规非常重要，这些职位需要深入了解法规、政策，以及风险管理策略。例如，风险管理分析师、内部审计师等。

• 技术与数据岗位：随着科技的进步，金融业对技术和数据的需求不断增加，这些职位需要精通金融科技、数据分析等技术。例如，金融科技工程师、数据分析师、区块链专家等。

• 投资与资产管理岗位：这些职位涉及资产的投资、管理和优化，要求对市场走势、投资策略有深刻理解。例如，基金经理、私人银行家等。

通过分析招聘广告中的职位，结合与人力资源部门负责人的访谈，我们最终确定了问卷中金融业的岗位体系，如图 4-7 所示。

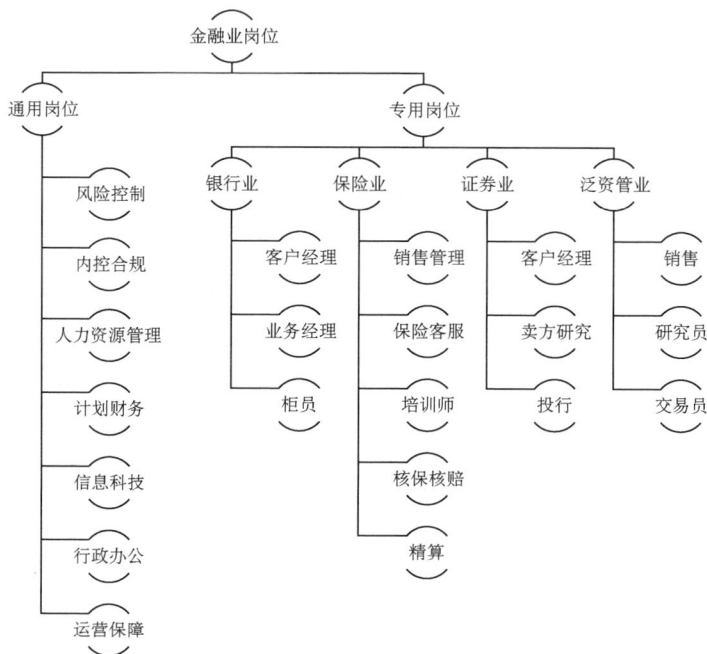

图 4-7　问卷中金融业岗位体系

4.2.2　不同行业及岗位的证书要求

专业证书能够发挥信号作用，扮演评价从业者能力和素质的重要角色。在众多的证书中，CPA 和 ACCA 被认为是金融业中最为重要和通用的一类证书。这两个认证证书注重财务与会计领域的专业知识，拥有这两个证书的人员通常在财务管理、审计、税务规划等方面拥有较为深厚的专业素养。

在保险业中，对于风险的评估和管理至关重要，而精算师则是这一领域中的核心角色。北美精算师证书是保险精算领域的权威证书，持有这一证书的专业人士能够准确评估风险、制定保险产品定价，并为保险公司的决策提供有力支持，因而这个证书的含金量在保险业极高。

在证券领域，证券/基金从业资格证成为证券/基金销售岗位的准入门槛。这一证书强调证券市场的法律法规、投资产品、交易流程等方面的知识。拥有这一证书的人员具备在销售和投资咨询领域的专业素养，能够为客户提供准确的投资建议，同时也能够确保公司合规经营，维护市场秩序。

综上所述，CPA/ACCA、北美精算师以及证券/基金从业资格证等证书在金融业各个领域扮演着重要的角色。它们不仅代表着从业者的专业能力，也为企业和机构提供了在招聘、投资和决策方面的有力参考，因而在金融业中具有极高的含金量和影响力。金融业中不同细分行业具有含金量的证书占比如图 4-8 所示。

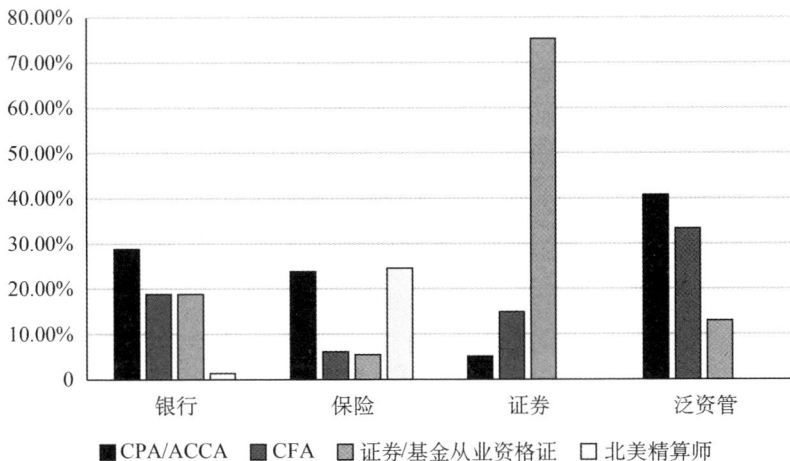

图 4-8　不同行业具有含金量的证书占比

不同证书在不同层级和领域中展现出不同的含金量和价值。就

CFA 而言，在总部层面的金融机构中，其含金量更加突出。同时，在大型企业、跨国机构以及高级金融机构中，拥有 CPA/ACCA 证书的人员往往能够更好地应对复杂的财务和会计挑战，为公司的财务战略和决策提供可靠的支持。相比之下，证券/基金从业资格证在市县级的金融机构中具有更高的含金量。在这些机构中，持有证券/基金从业资格证的人员能够为客户提供切实可行的投资建议，了解并满足当地市场的需求，保障投资者的权益，从而在市县级金融服务中展现出更高的价值。总之，不同金融证书在不同的层级和领域中具有不同的含金量，如图 4-9 所示。就职于市县级金融机构的受访者中，有超过 60% 认为，证券/基金从业资格证对其所在的岗位来说是具有含金量的证书。

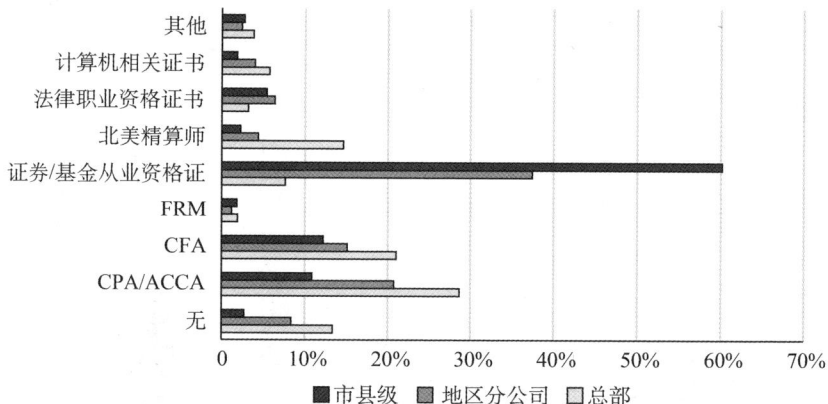

图 4-9　不同证书在不同层级单位中的含金量差异

4.2.3　不同行业及岗位的能力要求

我们将 2022 年 9 月—2023 年 3 月在智联招聘网站刊登的招聘广告，按照银行业、保险业、证券/基金业前中后台占比进行了分层随机抽样。银行业前中后台分别抽取了 1 000 条招聘广告、250 条招聘广告和 250 条招聘广告；保险业前中后台分别抽取了 1 000 条招聘广告、250 条招聘广告和 500 条招聘广告；证券/基金业前中后台分别抽取了 1 000 条招聘广告、250 条招聘广告和 500 条招聘广告。前中后台划分依据如表 4-6 所示。

表 4-6　银行业、保险业、证券/基金业前中后台岗位划分

行业	前/中/后台	问卷岗位	招聘数据对应岗位
银行	前台	客户经理	银行客户经理
银行	前台	业务经理	金融产品经理
银行	前台	柜员	银行柜员
银行	中台	内控合规	信贷管理/资信评估/分析
银行	中台	风险控制	风险控制
银行	中台	审计	审计经理/主管
银行	中台	法务	法务专员/助理
银行	后台	运营保障	运营主管/专员
银行	后台	信息科技	数据库开发工程师
银行	后台	人力资源	人力资源专员/助理
银行	后台	行政办公	行政专员/助理
银行	后台	计划财务	会计/会计师
保险	前台	销售管理	销售主管
保险	前台	保险客服	客户服务专员/助理
保险	前台	培训师	保险培训师
保险	中台	核保核赔	核保理赔
保险	中台	精算	保险精算师
保险	中台	内控合规	信贷管理/资信评估/分析
保险	中台	风险控制	风险控制
保险	中台	法务	法务专员/助理

（续表）

行业	前/中/后台	问卷岗位	招聘数据对应岗位
保险	后台	运营保障	运营主管/专员
保险	后台	信息科技	数据库开发工程师
保险	后台	人力资源	人力资源专员/助理
保险	后台	行政办公	行政专员/助理
保险	后台	计划财务	财务助理
证券/基金	前台	销售	销售代表
证券/基金	前台	研究员	金融/经济研究员
证券/基金	前台	投行	投资银行业务
证券/基金	中台	交易员	股票/期货操盘手
证券/基金	中台	风险控制	风险控制
证券/基金	中台	法务	法务专员/助理
证券/基金	后台	运营保障	运营主管/专员
证券/基金	后台	信息科技	数据库开发工程师
证券/基金	后台	人力资源	人力资源专员/助理
证券/基金	后台	行政办公	助理/秘书/文员
证券/基金	后台	计划财务	财务助理

基于已有行业及岗位类型，借助生成式人工智能进行分析，分别得到了不同行业前中后台的技能重要性排序，如图 4-10、图 4-11 和图 4-12 所示。

就硬技能而言，银行业和保险业更强调数字化工具应用，而证券/基金业强调数据分析能力。软技能方面，无论前台、中台还是后台，沟通表达、团队合作、职业操守几乎都是最重要的技能，其中，保险业尤为看重职业操守。此外，执行能力、学习能力、自驱力、抗压能力、耐心细致等也被列入值得关注的能力范围。至于保密意识、风险意识、创新能力等的重要性则相对靠后。

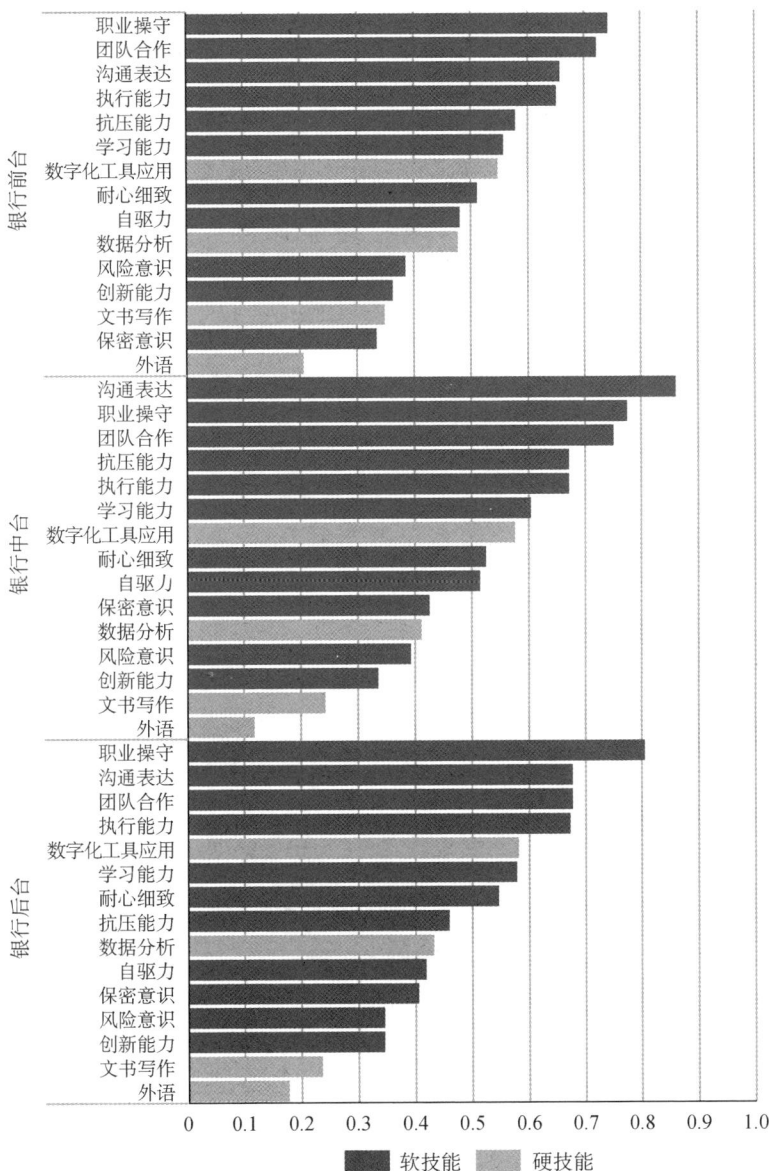

图 4-10　银行业招聘广告中的技能重要性排序

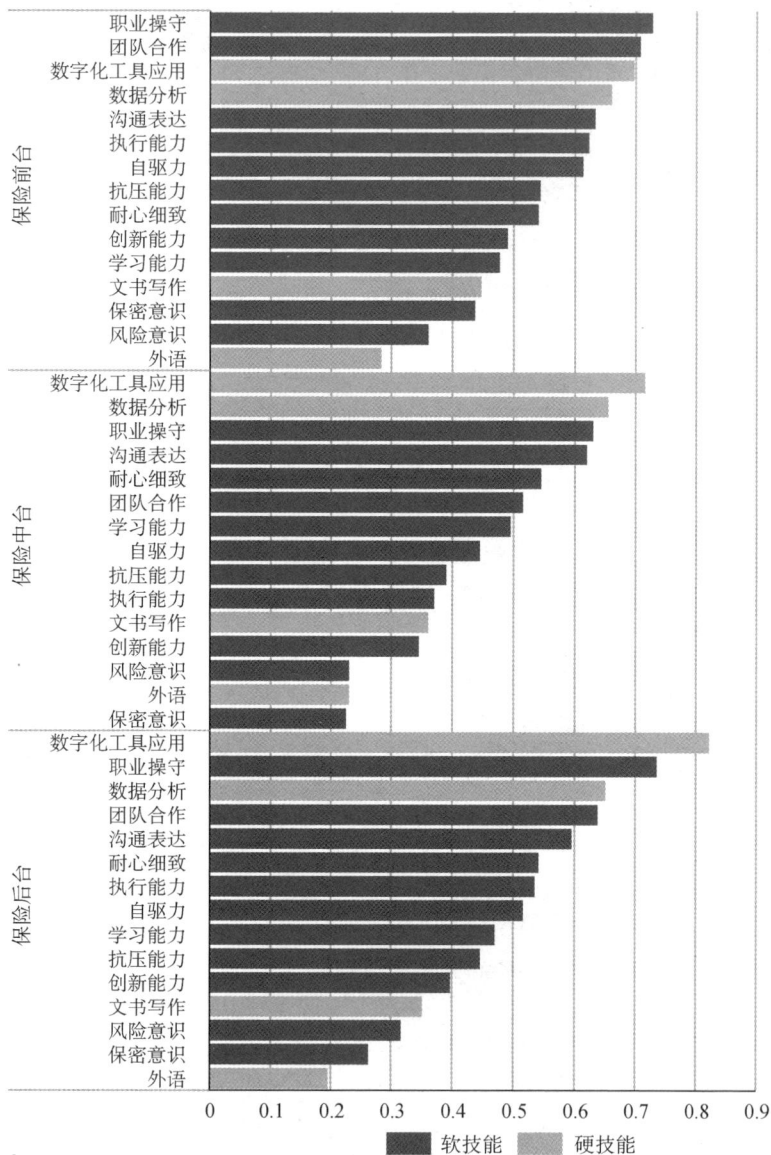

图 4-11　保险业招聘广告中的技能重要性排序

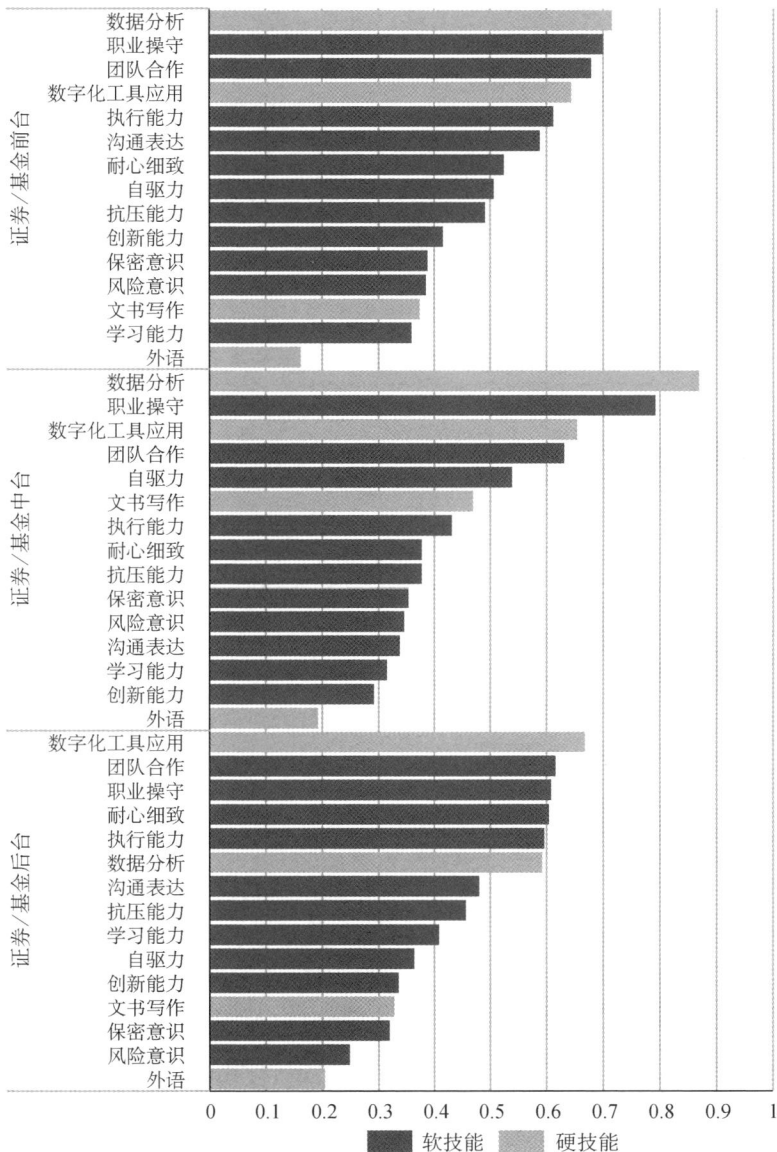

图 4-12　证券/基金业招聘广告中的技能重要性排序

为准确评估各项能力在不同行业间的重要性是否存在显著差异，我们进行了不同行业间各项能力的重要性差异 t 检验，结果如表 4-7 所示。在硬技能方面，证券业比银行业更看重数据分析能力，但银行业比证券业更看重文书写作能力，泛资管行业对数字化工具应用能力的要求显著低于银行业和保险业。在软技能方面，证券业对抗压能力的要求显著高于其他行业，保险业对耐心细致的要求显著高于其他行业。

表 4-7　各项能力在不同行业的重要性 t 检验

能力	保险 vs. 泛资管	保险 vs. 证券	保险 vs. 银行	泛资管 vs. 证券	泛资管 vs. 银行	证券 vs. 银行
数据分析					0.136*	0.168***
文书写作						−0.128***
数字化工具应用	0.214**				−0.174*	
团队合作						−0.123*
抗压能力		−0.253***		−0.174*		0.190***
创新能力		0.070**				−0.075***
自驱力		−0.201***				0.191***
保密意识		0.047*				
耐心细致		0.172***	0.091*	0.136**		−0.081***

由于人力资源部门与高校毕业生有更多的接触，也更加了解高校毕业生需要的技能，所以我们以问卷调查中人力资源岗位为例，验证各项软技能的重要性。从人力资源岗位共收集 155 份问卷，最重要的软技能调查情况如表 4-8 所示。与整体问卷结论一致，最重要的五项软技能依次排序为沟通表达、学习能力、团队合作、抗压能力以及执行能力。

表4-8   人力资源部门选择的高校毕业生最重要的五项软技能

沟通表达	学习能力	团队合作	抗压能力	执行能力
106	73	65	62	61

能力的重要性受两方面因素的影响。

一方面，要考虑岗位的客观属性。例如，学习能力和耐心细致在总部的岗位中更加重要，而抗压能力和自驱力在市县级基层岗位中则更为重要。图4-13展示了各项软技能在总部、地区分公司以及市县级间的重要性比较，表4-9则给出了部分能力在总部、地区分公司以及市县级之间重要性具有显著差异的 t 检验结果。

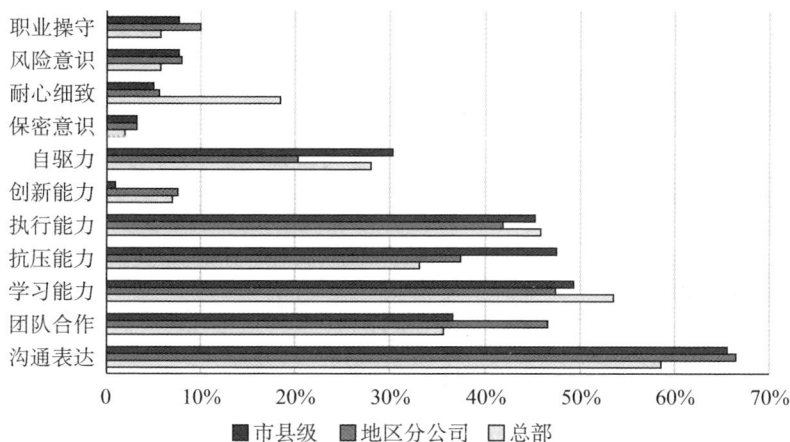

图4-13   软技能在总部、地区分公司、市县级的重要性比较

表4-9   总部、地区分公司、市县级的部分能力重要性 t 检验

能力	总部 vs. 地区分公司	总部 vs. 市县级	地区分公司 vs. 市县级
文书写作			0.089 **
团队合作	− 0.109 *		0.100 *
抗压能力	− 0.144 **		− 0.101 *

（续表）

能力	总部 vs. 地区分公司	总部 vs. 市县级	地区分公司 vs. 市县级
创新能力		0. 061**	0. 067***
自驱力			− 0. 100**
耐心细致	0. 129***	0. 135***	

表 4-9 的 t 检验结果表明，耐心细致在总部的重要性显著高于在地区分公司和市县级的重要性；抗压能力在总部的重要性显著低于在地区分公司的重要性，在地区分公司的重要性显著低于在市县级的重要性。这与描述性统计的结论保持一致。

另一方面，能力重要性还与个人认知有关，个人属性特点会导致认知有差异。男性受访者通常认为沟通表达、团队合作、创新能力更为重要，而女性受访者则通常认为执行能力、耐心细致、风险意识更为重要。具体如图 4-14 所示。

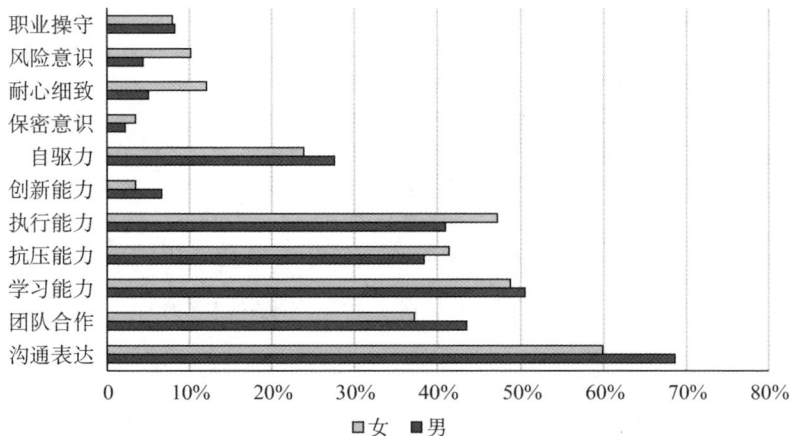

图 4-14 软技能在性别方面的重要性比较

表 4-10 展示了部分能力在不同性别之间重要性的 t 检验。在硬技能方面，男性受访者认为数据分析能力更加重要，而女性受访

者认为文书写作能力更加重要；男性比女性受访者显著地认为沟通表达和创新能力更加重要，而女性比男性受访者显著地认为耐心细致和风险意识更加重要。

表 4-10　部分能力在不同性别间的重要性 t 检验

能力	男性认为重要的比例（%）	女性认为重要的比例（%）	男 vs. 女
数据分析	86.98	79.94	0.071 **
文书写作	76.51	82.48	- 0.060 *
沟通表达	68.57	59.87	0.087 **
创新能力	6.67	3.50	0.032 *
耐心细致	5.08	12.1	- 0.070 ***
风险意识	4.44	7.96	- 0.058 ***

4.2.4　不同岗位毕业生能力短板

我们选取了证券业的前台销售岗进行高校毕业生的软技能评价分析，该岗位共回收了 197 份问卷。表 4-11 展示了证券销售岗位高校毕业生的软技能评价结果。由此可以发现，抗压能力、自驱力以及创新能力的评分较低，金融业高校毕业生应重点加强这三项能力的培养，这与金融业高校毕业生整体的调查结论是一致的。

表 4-11　证券销售岗位高校毕业生的软技能评价

能力	差（%）	比较差（%）	一般（%）	比较好（%）	好（%）	平均分
沟通表达	0	1.52	30.46	56.35	11.68	3.78
团队合作	0.51	2.54	34.52	49.75	12.69	3.72
学习能力	0	1.52	27.92	55.33	15.23	3.84
抗压能力	1.02	13.20	57.36	21.83	6.60	3.20
执行能力	0	2.54	47.21	40.10	20.62	3.58
创新能力	0	9.14	60.41	23.86	6.60	3.28

能力	差（%）	比较差（%）	一般（%）	比较好（%）	好（%）	平均分
自驱力	0.51	12.18	54.82	26.40	6.09	3.25
保密意识	0.51	3.55	23.86	52.79	19.29	3.87
耐心细致	0	1.52	39.59	48.22	10.66	3.68
风险意识	0	3.55	29.95	52.28	14.21	3.77
职业操守	0	1.02	18.27	59.90	20.81	4.01

　　总部新录用的毕业生在数据分析和数字化工具应用方面的表现更为出色，可能是学校的专业培训和资源支持使得这些毕业生能够在职业生涯的起点就具备强大的竞争力。但在文书写作方面，较之地区分公司或市县级，总部新录用的毕业生并未表现得更好。应当说，毕业生写作能力欠缺已成为一种普遍现象，值得高度关注（见图 4-15）。

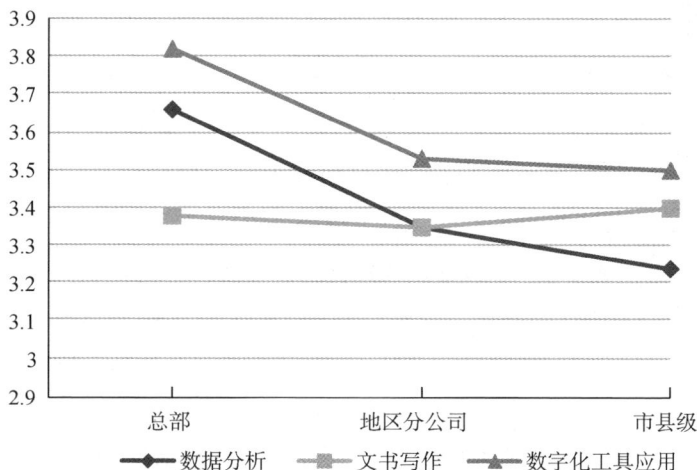

图 4-15　总部、地区分公司以及市县级高校毕业生部分硬技能得分比较

　　尽管总部新录用的毕业生在多数软技能方面展现出更好的表

现，如沟通表达、学习能力、抗压能力、执行能力等，然而在保密意识和风险意识方面，总部录用的毕业生并没有表现得更优，如表 4-12 所示。

表 4-12　总部、地区分公司以及市县级毕业生软技能评价平均得分比较

能力	总部	地区分公司	市县级
沟通表达	3.87	3.69	3.67
团队合作	3.79	3.58	3.65
学习能力	4.00	3.76	3.77
抗压能力	3.55	3.21	3.22
执行能力	3.84	3.57	3.58
创新能力	3.61	3.41	3.31
自驱力	3.59	3.35	3.28
保密意识	3.68	3.66	3.85
耐心细致	3.71	3.60	3.66
风险意识	3.53	3.54	3.74
职业操守	3.99	3.86	3.95

表 4-13 展示了总部、地区分公司以及市县级部分能力之间显著的 t 检验结果，也证实了图 4-15 和表 4-12 的结论。

表 4-13　总部、地区分公司以及市县级毕业生能力评价 t 检验

能力	总部 vs. 地区分公司	总部 vs. 市县级	地区分公司 vs. 市县级
数据分析	0.312***	0.427***	
数字化工具应用	0.281***	0.313***	
外语	0.320***	0.401***	
沟通表达	0.179**	0.198**	
团队合作	0.212**		
学习能力	0.243***	0.226***	

（续表）

能力	总部 vs. 地区分公司	总部 vs. 市县级	地区分公司 vs. 市县级
抗压能力	0. 341***	0. 331***	
执行能力	0. 271***	0. 262***	
创新能力	0. 201**	0. 304***	
自驱力	0. 239**	0. 310***	
保密意识			−0. 189**

第 5 章

高校毕业生金融业
求职指引

5.1 职业规划

5.1.1 个人兴趣

深入了解个人职业兴趣可以为选择合适的职业方向提供指引。对于高校毕业生而言，当准备迈出求职的第一步时，理解个人兴趣和目标至关重要。加拿大约克大学商学院的一份就业指引指出，对自己的性格、优势、技能和兴趣有清晰的认识不仅有助于求职者在求职过程中聚焦适合自己的岗位，还能让求职者在工作后表现出色，并促进在职持续学习和追求职业发展机会[1]。事实上，自我认知对于职业划分细致、专业性较强的金融业尤为重要。因此，在投递简历之前，高校毕业生首先应该耐心思考以下两个问题。第一，金融领域相关的职业是否契合自己的兴趣？第二，如果契合，自己能够在金融领域中的哪个特定职位发挥自己的本领，实现自我价值？思考这些问题可以帮助毕业生在面对众多金融职位时，在自我定位方面有更加清晰的方向，这将极大地提升找到理想工作的机会。

---

[1] Careers in finance orientation guide: practice advice for your career success in finance[R]. York University, 2018.

　　美国心理学家霍兰德将职业兴趣分为六大类，包括实做型（做事者，R）、研究型（思考者，I）、艺术型（创造者，A）、社会型（帮助者，S）、企业型（说服者，E）和事务型（组织者，C），又称霍兰德 RIASEC 六边形[1]。RIASEC 六边形较为全面，有助于求职者根据职业特征思考自己的个人兴趣。表 5-1 详细介绍了 RIASEC 六边形，并列举了部分符合不同类型职业特征的金融职业。

表 5-1　霍兰德 RIASEC 六边形

维度		示例职位	描述
实做型	realistic	金融工程师	喜欢明确、有序或系统化地操控物体、工具、机器和动物的活动
研究型	investigative	金融规划师	喜欢对物理、生物和文化现象进行观察，以及符号化、系统化和创造性的探索（以理解和控制这些现象）
艺术型	artistic	金融写作者	喜欢模糊、自由、非系统化的活动，包括操控物质、语言或人力，创作艺术形式或产品
社会型	social	金融顾问	喜欢为他人提供信息、培训、发展、治愈或启发的活动
企业型	enterprising	金融管理者	喜欢影响他人以达成组织目标或创造经济收益的活动
事务型	conventional	会计	喜欢明确、有序、系统化地操控数据的活动（如记录保存、整理资料、复制文件、组织商务设备和数据处理设备以达成组织或经济目标）

　　衡量个人兴趣没有固定答案，而 RIASEC 六边形仅仅是一种方法。最为关键的是，求职者在投出自己的第一份简历之前要对自己"喜欢什么"和"想要什么"有清晰的认识。这个认知过程需要一定时间和思考，但这有助于高校毕业生在求职过程乃至今后的职

[1]　Holland J L. Making vocational choices: a theory of vocational personalities and work environments[M]. 3rd ed. Odessa: Psychological Assessment Resources, 1997.

业发展道路上有更加明确的方向和更加自信。

5.1.2　提升个人竞争力

除了个人兴趣外，个人竞争力对于求职结果也极为重要。个人竞争力指在金融领域胜任工作并在与他人比较中展现优势的能力和素质。这些能力包括硬技能和软技能。硬技能是指掌握的专业金融知识和技术，而软技能则体现在人际交往和情绪管理方面。先前的研究表明，目前金融业看重的硬技能包括数据分析、文书写作和数字化工具应用能力，软技能方面则注重沟通表达、职业操守（责任心和服务意识）以及执行能力。这些技能不仅能帮助高校毕业生在求职过程中脱颖而出，还能帮助其在金融职场中取得成功和持续成长。因此，在求职准备过程中，提升个人竞争力将使候选人成为全面、优秀的金融从业者。

在硬技能中，金融企业在招聘时经常关注求职者是否有企业需要的数据分析能力。提升数据分析能力的核心在于全面学习并掌握必要的工具与技术。通过学习诸如 Excel、SQL、Python、R、统计学、机器学习和人工智能等工具，能够更有效地处理不同类型和复杂程度的数据。积极参与数据分析项目是增长经验的重要途径，无论是在现有工作中应用技能，还是加入在线平台的金融数据分析项目，甚至自行编程，都是有效的自我锻炼方式。

金融企业还非常重视写作技能。阅读高质量的财经读物是提升写作技能的好方法，在这个过程中可以接触不同的写作风格和结构，也能学到一些写作技巧。除了高质量的阅读外，大量的写作练习也能迅速提高写作能力。可以尝试自己撰写财经方面的新闻摘要、评论或报告，也可以在公众号、微博、知乎等平台分享内容。此外，寻求专业人士或同行的指导和建议，参加线上或线下写作研讨会等，都可以提升自己的写作技能。这些步骤相辅相成，练习一段时间后写作水平才能有较大的提高。

在硬技能里，熟练应用数字化工具对于求职也很重要。学生不仅要通过在线课程、书籍等掌握这些技能，更要在日常实习的过程中使用这些工具，重视在实践中提升技能水平。遇到困难时，可以寻求专业人士或同行的反馈和指导。

值得强调的是，毕业生不仅要掌握金融业的专业知识，还应具备与之匹配的软技能。美国威廉玛丽学院职业中心一份金融业的就业指引指出，除了数字化工具应用技术、文书写作能力、专业知识外，金融业求职者还应当有团队合作能力、领导力、对不同文化的接受能力等软技能[1]。

根据对部分企业 HR 的访谈，我们了解到企业非常看重求职者的沟通表达能力。与文书写作一样，在口头交流过程中，合理的语法和用词以及清晰的文字表达同样是有效沟通的基础，也是展现个人专业素养的重要方式。毕业生可以观看相关视频来了解不同的沟通风格和技巧，将沟通技能应用于财经话题。可以通过短视频的方式介绍自己对某个金融领域话题的观点，也可以通过演讲和与他人交流来加强口头表达能力等。

金融企业很看重职业操守，职业操守包括责任心和服务意识等。首先，毕业生应确定个人职业和生活的长远目标，并明确自己的价值观，这有助于形成对责任和服务的清晰认识。其次，在日常生活中，应养成主动承担责任和倾听并理解他人的习惯，这也有助于培养责任心和服务意识。最后，也要认真看待每一次团队合作机会（如学校里的小组作业），积极参与，这也有助于培养自己的职业操守。

此外，具有较强执行力的候选人也非常受金融企业欢迎。与培

---

[1] Career guide for finance majors[R]. College of William and Mary, 2020.

养职业操守一样，求职者在开始完成日常学业或工作（或实习）任务前应当设立明确的目标，并制订可行的计划，包括阶段性的任务和时间表。还需要建立良好的时间管理习惯，习惯于制定日程安排并遵守时间表，避免拖延和浪费时间的行为。最后，时刻保持乐观和积极的心态，这样更有动力去实现目标。

5.1.3　实习

对于找到一份合适的工作而言，实习是一个重要环节。高质量的实习对于求职结果至少有四点益处。一是实习能够让求职者再度审视个人兴趣和个人竞争力，并判断金融业是否适合本人，以及本人是否有意愿继续在这个行业发展；如果求职者愿意在金融业继续发展，求职者也可以通过实习意识到自己适合哪些工作岗位。二是在实习过程中，求职者能够了解许多行业和岗位相关信息，缩小就业市场和课堂知识的差距，从而有针对性地弥补缺漏知识和技能，提高自己在求职过程中的竞争力。三是在许多情况下，实习本身也是一个"试用期"；如果求职者在实习期间得到了上级的认可，同时求职者对所在公司也较为满意，那么求职者能够更早地进入心仪的公司。四是实习的过程是一个积累人脉的过程，而社会网络的扩展也有助于求职者今后的职业生涯发展[1]。

为了提高高校毕业生找到高质量实习机会的概率，参考 Vault 公司对投资银行的就业指引[2]，本书提出四点建议。一是尽可能保持较好的学业成绩。这点与我们的访谈结果一致，即金融业在招聘时同样看重高校毕业生的在校学业成绩。二是充分利用社交网

[1] Taaffe E C. Make the most of the network you built during your internship[EB/OL]. (2021-05-25)[2024-10-08]. https://hbr.org/2021/05/make-the-most-of-the-network-you-built-during-your-internship.
[2] Morkes A. Vault career guide to investment banking[M]. 2nd ed. McLean: Vault Reports Inc., 2019.

络。要积极参加校内外的宣讲会、研讨会、校友会等，以便从中获取关于实习计划的信息，寻求建议，或者与潜在雇主建立联系。三是努力提升个人的竞争力。正如之前提到的，金融企业非常看重求职者的硬技能和软技能，因而也更容易给更具有个人竞争力的高校毕业生提供实习机会。四是要了解金融企业。找实习是一个双向的过程：一方面，企业会投入精力甄别合适的学生来作为未来潜在的雇员；另一方面，学生也应花时间多了解自己感兴趣的行业、企业和岗位，减少信息不对称给自己实习、求职和未来职业生涯带来的不必要成本。

不过，Vault 公司并没有提到网络推送平台对寻找实习的作用。在国内，微信公众号这样的网络平台有大量的实习推送，而这些公众号也是求职过程中的重要信息来源。

5.1.4 金融资格认证

在美国，金融业非常看重资格认证。CFA、北美精算师等资格认证是获得金融工作的必要条件[1]。国内的情况也类似，对于很多金融企业而言，考取 CPA 等金融资格证书能够提高求职者的求职成功率。这些证书能够展示求职者在特定金融领域的知识和技能。在招聘过程中，企业通常寻找已经考取相关证书的求职者，以满足其工作需求和期望。这是因为拥有金融资格认证能够增强求职者作为金融专业人士的可信度，并且能够让求职者在工作后赢得客户和利益相关者的信任和认可，这对求职者和公司而言都是有益的事情。因此，金融资格证书对于在金融领域求职非常重要。

在意识到这些证书的重要性后，如果求职者打算在开始求职前

---

[1] Indeed Editorial Team. 12 finance certifications that can strengthen your resume [EB/OL]. (2024-10-01)[2024-10-08]. https://www.indeed.com/career-advice/career-development/finance-certifications.

考取金融资格证书，建议求职者应当明确需要考取哪个证书，而这又取决于求职者具体想拥有怎样的工作。需要注意的是，金融资格证书普遍技术性较强，需要求职者花大量时间掌握相关知识。但由于课程、论文、实习等任务的存在，作为高校毕业生的求职者每天可能会非常忙碌。因此，这就更需要求职者做好时间管理，尽量抽出完整的时间段复习备考。在学习过程中，求职者可能会遇到很多困难。与许多就业指导机构一样，我们不鼓励求职者孤军奋战；相反，可以向老师、朋友及金融业专业人士请教，也可以通过网络资源（如网络课程、公众号等）解决问题。另外，每种金融资格认证考试都有大量的题库，与备战高考一样，求职者也应当花大量时间反复练习。此外，在做题时应该做到实事求是，正确认识自己的不足，进而查漏补缺。

5.1.5 校内资源

缺乏工作经验和人脉关系是高校毕业生在金融领域求职的一大挑战。然而，大学提供了许多资源，可以帮助求职者取得成功。毕业生可以利用学生组织、学生就业指导中心以及有相关工作经验的老师和同学等资源。

（1）学生组织

加入或领导与金融相关的学生组织，如金融俱乐部、学生投资基金或案例竞赛团队，可以帮助求职者发展金融方面的知识和技能，展现求职者对该领域的兴趣。在这些组织中，求职者还可以与其他志同道合、追求相同目标的同学建立联系，并从他们的经验和见解中学习。

（2）学生就业指导中心

联系所在大学的学生就业指导中心，可以获得各种服务和资源，有助于顺利求职。例如，可以找人修改简历，或为面试做准备[1]，也可以关注学生就业指导中心发布的实习和工作机会，或参加由它组织的校园招聘活动。此外，也可以向中心的指导老师寻求职业规划和求职上的建议和指导。

（3）有相关工作经验的老师和同学

寻求在金融领域有相关工作经验的老师和同学的意见和指导，有助于提升自己的知识和技能，获得有价值的观点和见解。可以请他们为自己的职业发展提供建设性的建议，也可以请他们分享经验和故事，或解答自己的问题和疑虑。此外，还可以利用他们的人脉关系，请求他们推荐金融业的潜在实习和就业机会。部分中英文个人简历指导资源如表 5-2 所示。

表 5-2　部分中英文个人简历指导资源

名称	作者/机构
简历写作与求职通关一册通：技巧＋模板＋范例	武承泽
终极求职简历——打造出色简历，得到更多面试机会	马丁·耶特
简历：让求职者脱颖而出	胡鹏
简历和求职信：延伸学校资源（Resumes and Cover Letters: An Extension School Resource）	哈佛大学
简历指南（Resume Guide）	普林斯顿大学
耶鲁求职专家说，要获得下一份工作，你的简历应具备五点简单的内容（Yale Career Experts Say to Get Your Next Job, Your Resume Should Have These 5 Simple Things）	彼得·伊科诺米（Peter Economy）
傻瓜简历（Resumes for Dummies）	劳拉·德卡洛（Laura DeCarlo）
撰写成功的简历（Writing a Winning Resume）	耶鲁大学

---

[1] 与欧美等地区的高校不同，国内不少高校的就业指导中心或类似机构并不提供个人简历修改服务。因此，高校毕业生应当提前了解本校就业指导中心或类似机构的具体职能，以便确定自己能从该机构得到怎样的帮助。

（续表）

名称	作者/机构
撰写完美简历的新指南：撰写简历、求职信和其他求职文件的完整指南（The New Guide to Writing A Perfect Resume：The Complete Guide to Writing Resumes，Cover Letters，and Other Job Search Documents）	格雷格·法赫蒂（Greg Faherty）
简历写作指南：手把手教你撰写成功简历（The Resume Writing Guide：A Step-by-Step Workbook for Writing a Winning Resume）	丽莎·麦克格里蒙（Lisa McGrimmon）

5.1.6　校外资源

除了校内资源外，学生也可以充分利用校外资源来帮助自己找工作。其中，对校友和社交媒体这两类校外资源都应予以高度重视。

（1）校友

与在金融业工作的校友联系可以帮助学生获得有价值的见解和建议，了解申请金融岗位所需的技能和资格要求，以及找工作的有效策略。校友们还可以通过自己的人脉为求职者推荐和介绍金融企业的实习和就业机会。此外，学生可以参与校友会组织的各种活动和项目，如网络研讨会、职业分享会、公司宣讲会等，这些都是与金融业的专业人士和招聘者交流互动的机会。

（2）社交媒体和线上平台

社交媒体和网络平台的使用也对求职具有重要作用。例如，领英不仅通过学校、城市等信息构建社交网络（如校友资源），还为求职者提供了一个和潜在雇主互动、匹配的平台，提高求职者的求职效率。微信公众号上有众多与金融相关的信息，包括金融企业的招聘广告、金融岗位的介绍、成功人士的就业经验分享等（见表5-3）。

"智联招聘""前程无忧""BOSS 直聘"等线上招聘平台也为金融求职者提供了咨询和求职的便利（见表 5-4）。

表 5-3　部分校外资源：微信公众号

名称	类型	主要关注点
Career In 投行 PEVC 求职	金融业	一级市场的动态、投行/私募股权投资（PE）/风险投资（venture capital）的业务和面试技巧、成功案例和经验分享等
国聘	综合	国企、事业单位和公务员的招聘公告、报名流程、考试内容、面试技巧、职位分析和职业发展等
金融求职报	金融业	金融业的发展趋势、招聘需求、职位介绍、求职技巧、职业规划和经验分享等
金融早实习	金融业	金融业的实习机会、实习流程、实习内容、实习技巧、实习体验等
金融小伙伴	金融业	金融业的热门话题、社交技巧、社交活动、社交圈子和社交故事等
求职汇	综合	各行各业的求职趋势、求职技巧、求职规划、求职案例和求职评价等
晓央就业	综合	就业动态、就业指南、就业案例和就业评价等

表 5-4　部分校外资源：招聘平台

名称	网站
智联招聘	www.zhaopin.com
前程无忧	www.51job.com
BOSS 直聘	www.zhipin.com
国聘	www.iguopin.com

5.2　金融业热门岗位

在进行职业规划时，毕业生需要对一些金融业的岗位有所了解。根据对金融从业人员的访谈，银行管培生、基金行业分析师以及证券业中后台是目前的三类热门岗位。

5.2.1 银行管培生

在校园招聘中，银行业竞争最为激烈的岗位莫过于管培生。作为传统金融业的黄金职位，长期来看，管培生在薪酬待遇和职业发展机会方面享有显著优势。前三年，管培生的薪酬水平与营销人员相差不大，甚至在某些情况下，营销人员的薪酬更高。这主要是因为营销薪酬体系更强调绩效与业绩的挂钩。营销类岗位的新人会有保护期，在此期间，有部分工作出色者能够快速上手，获得很多回报。相较之下，管培生的薪酬待遇较为稳定，受到分行部门轮岗业绩浮动的影响较小，底薪和基数以及全行经营结构的基数乘系数构成了奖金包，这使得管培生在相对小的压力下能够保持相对的稳定性。

在职业发展方面，管培生拥有较高的起点。在银行的晋升体系中，从事营销的人员需要通过业务员、客户经理、营销科室副经理、营销科室经理等多个层级，才能最终升任分行业务部门的副总。管培生则一开始即进入管理序列，从事更专业的产品经理工作，主要包括产品设计、营销推动、业绩考核督导等方面。这些职责更强调管理职能，为管培生提供了更广阔的发展前景。

管培生的成长速度较快，能够在分行担任科长或达到副科级别后转至营销，甚至直接担任支行行长助理，成为小型团队的管理者。相比之下，单纯从事营销工作的员工需要一直从事客户工作，因而在管理方面的成长取决于个体的学习能力。管培生在多个部门之间协调合作，更注重专业和综合能力。特别是在后台部门（人力资源、党办、党宣）时，由于需要结合总行战略和实际工作情况撰写大量文字报告，尤其需要具备出色的写作能力。

总体而言，管培生在职业发展、管理序列、专业能力等方面享有相对高的优势。

5.2.2　基金行业的分析师

基金分析师从业人员的竞争十分激烈，主要原因有两方面：一方面，基金行业的高收入吸引了大量非金融专业的学生应聘该岗位；另一方面，金融专业的学生人数不断增加。这一岗位的吸引力主要体现在丰厚的薪酬待遇和广阔的未来发展空间。下面是一些针对基金业分析师提出的常见问题和他们提供的答案。

问：实际招聘人员中金融专业毕业的学生占多大的比例？

答：金融及其相关专业毕业的学生基本能占实际录用分析师岗位人员的一半左右。

问：公司喜欢招聘理工科背景的毕业生吗？

答：公司倾向于招聘具有理工科背景的毕业生。特别是对于从事股票研究和行业研究的人员，理工科专业本科加上金融专业硕士的复合背景更具竞争力，因为这涉及技术分析类的工作。理工科背景的学生对金融知识的学习速度更快，同时专业背景有助于更好地理解行业发展情况。

问：分析师的职业生涯会比较短吗？

答：分析师的职业生涯并不短，因为他们不受职业瓶颈和年龄焦虑的影响，而且该职业对体力的要求较低。分析师通过长期积累经验，能更好地理解行业发展情况。

问：分析师的工作压力大吗？

答：分析师面临短期和长期的考核目标，因此有一定的工作压力。公司会综合考虑研究员的一年、三年，甚至五年的业绩，而非仅注重短期考核。

问：分析师的考核方式是怎样的？

答：分析师向基金经理提供投资建议，基金经理对分析师的报告进行评估，并提供考核成绩。

问：分析师的职业发展路径如何？

答：分析师入职后通常会在公司进行三至五年或更长时间的研究，之后才有可能转向投资领域。分析师的职位体系包括 A 级别（analyst，分析师）、SA 级别（senior associate，高级经理）等，升职后可能是 VP 级别（vice president，副总裁）等。研究人员有机会成为特定行业的经理，专注于该行业的发展情况。如果研究人员适合投资工作，公司还可能聘用他们作为基金经理助理或投资经理助理，通过考核后正式聘为经理。不同基金经理对应的级别也会有所不同。

5.2.3　证券业中后台岗位

证券业中后台岗位最重要的是金融科技人员，相较于其他中后台和前台人员，这部分人员的校招标准较低，不限于特定院校。然而，证券公司在金融科技人才的争夺上相较互联网大厂明显处于劣势。尽管公司致力于引进大量金融科技人才，但这些人才在证券公司的应用场景相对受限，因为与财富和交易相关的应用受到行业监管等方面的限制，很多内容难以数字化。例如，公司奖金手动录入，系统中员工的基本信息和外部履历等也被隐去，因而无法实现完全数字化。

除了金融科技，其他中后台所需人员较少，包括风控、法务、财务、人力等传统中后台部门。券商倾向于招募更贴近业务的人才，因而高校毕业生进入中后台的机会相对较少。相比之下，前台的招聘机会较多。一家券商每年前台招聘几百人，但中后台共招聘20～30人。对于几家大型券商来说，无论总部还是财富条线，招聘结构都以前台为主，中后台较少。

中后台岗位的收入与其他行业相比，实际并不低。社会舆论可能给高校毕业生留下前台薪资优厚的印象，但实际上能够实现财富自由的人员是少数。中后台岗位的职业天花板较低，但胜在稳定和持久，而前台岗位工作压力较大，且薪资水平会受公司业绩波动的较大影响。

5.3　金融业岗位薪酬水平及变化趋势

众所周知，和其他行业相比，金融业的整体薪酬水平较高，主要是因为金融业是一个竞争激烈的行业，吸引和留住顶尖的人才对公司的成功至关重要，而高薪是一种吸引和激励优秀人才的手段。此外，金融从业人员通常需要承担较大的责任和风险，尤其是涉及大额资金、投资决策和风险管理的职位，因而金融业的整体薪酬往往偏高。

表 5-5 展示了 2023 年第三季度金融业高校毕业生平均薪资同比变化。在金融业降薪以及市场行情波动的背景下，2023 年第三季度与去年同期相比，基金/证券/期货/投资业受到的影响更大，招聘薪资平均下降 0.6 个百分点。与此同时，由于保险业投资风格较为稳健，其利润水平受经济下行影响较小，招聘薪酬水平逆势增长，同比增加 4 个百分点。

表 5-5　2023 年第三季度金融业高校毕业生平均薪资同比变化

行业	2023 第三季度（元）	2022 第三季度（元）	同比（%）
银行	10 469.28	10 357.31	1.1
保险	9 372.40	9 007.76	4.0
基金/证券/期货/投资	10 442.08	10 510.37	− 0.6

表 5-6 展示了 2023 年第三季度不同行业、不同学历的金融业高校毕业生招聘薪酬水平。总体来看，金融业整体平均薪酬接近 1

万元。分行业来看，保险业的薪酬水平较低；银行业的平均薪酬最高；基金/证券/期货/投资业的平均薪酬也较高，与银行业的差距很小。分学历来看，博士高于硕士和本科，反映了人力资本投资具有较高的价值。

表5-6　2023年第三季度不同学历要求的金融业招聘薪酬均值

（单位：元）

行业	本科	硕士	博士	不限	平均
银行	10 687.09	13 725.92	19 000.50	9 758.08	10 469.28
保险	7 968.48	10 664.50	18 000.50	9 731.27	9 372.40
基金/证券/期货/投资	10 189.56	10 878.49	17 439.99	8 824.02	10 442.08
平均	9 388.14	11 139.83	17 618.07	9 336.92	9 963.43

金融业包括金融类职位和非金融类职位。其中，非金融类职位包括人力资源、后勤保障等。金融类职位包括银行及金融服务、保险、投融资以及证券/基金/期货等。

表5-7展示了2023年第三季度银行及金融服务相关岗位的招聘薪酬。金融产品经理、理财顾问、信用卡销售作为前台岗位，平均薪酬较高，分别达到13 528元、14 497元和11 726元，柜员、大堂经理、清算等基础岗位平均薪酬较低，薪酬均值低于8 000元。

表5-7　2023年第三季度银行及金融服务相关岗位招聘薪酬

岗位	广告数	招聘职位数	招聘需求人数	薪酬均值（元）	最低薪酬（元）	最高薪酬（元）
保理人	10	10	20	12 401	10 401	14 400
催收员	1 037	1 267	14 969	10 104	7 468	12 740
大堂经理	236	457	3 463	5 425	4 210	6 639
柜员	317	716	8 841	7 877	6 291	9 464
金融产品经理	363	408	8 965	13 528	10 267	16 788

（续表）

岗位	广告数	招聘职位数	招聘需求人数	薪酬均值（元）	最低薪酬（元）	最高薪酬（元）
金融风控	243	281	1 608	8 618	6 546	10 689
客户经理	4 081	5 008	79 546	10 984	8 057	13 910
理财顾问	1 639	1 984	27 866	14 497	10 714	18 280
清算	27	27	1 147	7 000	5 808	8 192
信贷管理	546	576	3 799	10 786	7 923	13 649
信贷审核	158	168	2 967	7 997	6 336	9 658
信用卡销售	436	495	2 864	11 726	8 536	14 917
行长/副行长	3	3	6	12 501	10 001	15 000
总计	9 096	11 400	156 061	——	——	——
平均	——	——	——	11 264	8 337	14 192

表5-8展示了2023年第三季度保险相关岗位的招聘薪酬。保险精算师作为专业技能要求较高的岗位，平均薪酬最高，均值达到13 164元。作为前台业务岗位，保险顾问的薪酬也较高，达到12 130元。其余相关岗位的薪酬均值均不足1万元。

表5-8　2023年第三季度保险相关岗位招聘薪酬

岗位	广告数	招聘职位数	招聘需求人数	薪酬均值（元）	最低薪酬（元）	最高薪酬（元）
保险产品开发	32	34	66	8 922	7 095	10 750
保险公估师	84	103	408	8 971	6 358	11 583
保险顾问	1 456	1 763	10 562	12 130	9 062	15 198
保险核安	83	84	151	8 031	6 475	9 586
保险精算师	77	80	110	13 164	10 153	16 176
保险理赔	625	752	3 888	7 455	5 781	9 128
保险培训师	211	273	612	6 948	5 481	8 416

（续表）

岗位	广告数	招聘职位数	招聘需求人数	薪酬均值（元）	最低薪酬（元）	最高薪酬（元）
保险契约管理	67	75	85	6 836	5 553	8 119
保险受理员	22	22	1 030	6 871	5 528	8 214
保险项目策划	134	157	340	7 856	6 117	9 594
车险专员	153	172	1 911	8 709	6 486	10 931
续保专员	307	365	4 741	8 593	6 317	10 870
总计	3 251	3 880	23 904	—	—	—
平均	—	—	—	9 886	7 471	12 300

表 5-9 展示了 2023 年第三季度投融资相关岗位的招聘薪酬。投资经理和量化研究的平均薪酬较高，分别达到 14 089 元和 12 945 元。尽管对投融资相关岗位人们整体上有高薪的印象，但不同职位和级别的薪酬水平仍然存在差异，例如，资产评估、投后管理等岗位承担的风险和工作压力较小，因而其薪酬也相对低一些。

表 5-9　2023 年第三季度投融资相关岗位招聘薪酬

岗位	广告数	招聘职位数	招聘需求人数	薪酬均值（元）	最低薪酬（元）	最高薪酬（元）
并购	2	4	4	4 501	4 001	5 000
股票/期货操盘手	53	56	212	8 133	6 039	10 226
股权投资	36	36	44	11 167	8 584	13 750
交易员	342	359	1 234	9 756	7 441	12 071
金融数据分析	75	79	4 289	9 647	7 240	12 055
金融研究	240	262	8 702	11 477	8 957	13 997
量化研究	39	41	107	12 945	9 391	16 499
融资	269	287	833	9 731	7 369	12 093
融资总监	1	1	1	18 001	12 001	24 000

（续表）

岗位	广告数	招聘职位数	招聘需求人数	薪酬均值（元）	最低薪酬（元）	最高薪酬（元）
投后管理	60	65	94	7 852	6 023	9 681
投融资	366	393	1 795	10 934	8 137	13 732
投资经理	211	222	1 441	14 089	10 862	17 317
投资银行业务	45	45	217	9 827	7 715	11 938
投资者关系	28	30	39	10 590	8 180	13 000
投资助理	523	594	4 994	8 854	6 965	10 743
投资总监	14	14	45	15 501	11 144	19 857
行业研究	545	588	3 783	10 984	8 526	13 442
资产评估	356	374	1 461	6 085	4 673	7 497
总计	3 205	3 450	29 295	—	—	—
平均	—	—	—	9 979	7 660	12 297

表 5-10 展示了 2023 年第三季度证券/基金/期货业相关岗位的招聘薪酬。基金销售的平均薪酬达到 16 030 元，主要是由于基金销售人员通常有业绩奖励，其薪酬的一部分基于他们实际销售的基金规模或销售额。高销售业绩将导致更高的奖金和提成，从而提高整体薪酬水平。与此同时，基金销售人员需要建立和维护良好的客户关系，客户通常会更倾向于信任经验丰富且专业的销售人员，这也体现了软技能如沟通能力的回报率较高的事实。证券分析的平均薪酬为 11 155 元，基金经理的平均薪酬为 10 447 元，也是证券/基金/期货类中较高薪酬的岗位。

表 5-10 2023 年第三季度证券/基金/期货业相关岗位招聘薪酬

	广告数	招聘职位数	招聘需求人数	薪酬均值（元）	最低薪酬（元）	最高薪酬（元）
基金经理	47	50	77	10 447	8 044	12 851

（续表）

	广告数	招聘 职位数	招聘需求 人数	薪酬均值 （元）	最低薪酬 （元）	最高薪酬 （元）
基金销售	111	123	418	16 030	12 839	19 221
期货经纪人	126	132	2 886	8 352	6 028	10 676
外汇分析师	2	2	2	8 751	8 001	9 500
外汇经纪人	10	10	51	12 301	8 401	16 200
信息披露专员	16	18	61	7 219	5 501	8 938
证券分析	190	205	852	11 155	8 515	13 794
证券交易员	38	38	74	9 356	6 764	11 947
证券经纪人	359	405	4 940	9 961	7 372	12 550
证券事务代表	205	221	471	9 118	7 087	11 149
总计	1 104	1 204	9 832	—	—	—
平均	—	—	—	10 415	7 903	12 928

第 6 章

研究结论及建议

6.1 研究结论

6.1.1 金融业高校毕业生招聘及求职现状

2021 年以来，高校毕业生金融业就业景气程度整体下降，主要原因是高校毕业生供给大幅度上升，而需求则无明显上升，甚至有小幅度下降，由此导致高校毕业生金融业就业市场供需较为严重的失衡。

金融业不同行业和职位的供需状况存在较大差异，但基本都存在不同幅度的人才供给量上升和 CIER 指数下降。其中，保险和银行及金融服务类职能岗位的需求量始终大于供给量，高校毕业生的求职压力较小。在保险业、基金/证券/期货/投资业和银行业中，客服专员、销售顾问和客户经理分别是招聘需求人数最多的职位。

本书研究还发现，金融业在不同区域和不同等级城市的供需状况也存在各自的特点和差异。尽管东部地区的金融业对人才的需求量远远超过其他地区，但同时该地区的人才供给量也最为庞大，致使该地区的金融业高校毕业生面临着较大的就业压力；长三角经济圈用人需求量较大，因而该地区就业市场景气程度较高。不同行业不同城市就业形势较为复杂多变，不同城市金融业供需状况随时间变化差异也较大。

此外，金融业不同规模和不同性质企业的供需状况也存在一定差异。中型企业的招聘需求和求职供给人数最多，小型企业的供需不匹配程度较轻，求职压力较小。国有企业由于求职供给人数远大于其他类型的企业，就业压力最大，外商独资和股份制企业的就业形势稍好，但也存在供过于求的严峻问题。

6.1.2　金融业对高校毕业生知识和能力要求

在金融业证书要求方面，证券/基金从业资格证、CPA/ACCA、CFA 是金融业的通用证书。CPA/ACCA 和 CFA 是金融机构总部层面通用的，也是最具含金量的重要证书；北美精算师是保险业具有含金量的证书；证券/基金从业资格证主要在地区分公司或市县级岗位具有较高的含金量。

在就业能力需求方面，数据分析、文书写作以及数字化工具应用是三项最重要的硬技能；沟通表达、学习能力以及执行能力被普遍认为是最为重要的三项软技能。能力的重要性受两方面因素的影响：一方面是岗位的客观属性，如学习能力和耐心细致在总部的岗位中更加重要，而抗压能力和自驱力在市县级基层岗位中则更为重要；另一方面是个人认知，如男性受访者通常认为沟通表达、团队合作、创新能力更为重要，而女性受访者则通常认为执行能力、耐心细致、风险意识更为重要。

在就业能力短板方面，从近两年高校毕业生的表现来看，在硬技能方面，数字化工具应用能力较强，而数据分析和文书写作能力则较弱。在软技能方面，抗压能力、自驱力以及创新能力是三项较弱的能力，职业操守、学习能力、沟通表达及保密意识是较强的能力。入职不同级别单位的毕业生在就业能力方面也体现出一定的差异性：总部新录用的毕业生在数据分析和数字化工具应用方面表现得更为出色，但文书写作方面并未表现得更好；总部新录用的毕业生在多数软技能方面也展现出更强的能力，如沟通表达、学习能力、抗压能力、执行能力等；然而，在保密意识和风险意识方面，总部录用的毕业生也未表现得更优。

结合重要性和良好度来看，在各项软技能中，学习能力、沟通表达的重要性较高且高校毕业生实际表现也较好；执行能力、团队合作的重要性和高校毕业生表现均较为一般。值得注意的是，抗压能力和自驱力虽然重要，但高校毕业生实际表现较差，毕业生应重点关注上述能力的培养和提高。

在就业能力的考察方式方面，公共科目笔试和专业科目笔试是学习能力和文书写作的有效测评方式；随机演讲、情景模拟是沟通表达和创新能力的有效测评方式；结构化面试是团队合作的有效测评方式；心理素质测评是抗压能力、保密意识以及职业操守的有效测评方式。实习是最为全面也最为重要的考察方式。相较于笔试和面试来说，通过实习能够考察几乎所有的能力。拥有与金融业相关的实习经验会对毕业生的就业前景产生积极影响。

6.1.3　高校毕业生金融职业前景

经管类专业的高校毕业生首先应该对自己的职业进行规划。在明确求职方向时，要从个人兴趣出发，找到自身的长处和短板，选择适合自己的金融业岗位。在校学习期间，考取专业资格证书，培养自己的硬技能和软技能。充分利用校内外资源，通过公众号、学校就业指导中心等寻找实习岗位。在求职过程中及时寻求老师以及校友的帮助。

金融业的热门岗位包括银行管培生、证券业中后台、基金分析师等。这些岗位的起薪较高，职业发展前景较好，受到应届毕业生的广泛青睐。

金融各行业的薪酬存在较大差距。从行业间的角度来看，保险业的起薪水平相对低；银行和基金/证券/期货/投资业的平均起薪相对高，二者的差距较小。从行业内的角度来看，不同岗位的薪酬差距也较大，证券分析、基金销售、基金经理等岗位的薪酬远高于信息披露专员和期货经纪人等。从学历来看，最低学历要求越高的岗位，平均薪酬也越高，反映了人力资本投资具有较高的价值。

本书的研究结论不仅对希望进入金融业就业的高校毕业生提前做好求职准备、提高自身知识和能力具有重要作用，对高校明确人才培养目标、有针对性地设计课程和培训，以缩小学生能力差距并开展就业指导也具有重要意义。对于用人单位来说，这项研究也有助于银行、保险、证券等金融机构有效了解当前高校毕业生就业现状和发展趋势，解决招聘工作中面临的突出问题，提升人力资源管理水平和招聘效率。更为重要的是，明确高校毕业生在不同领域的能力要求和短板，更有助于政府部门制定更为有效的促进青年就业的政策，为实现高质量充分就业的战略目标提供支持。

6.2 相关建议

6.2.1 政府

一是稳定并增加金融业高校毕业生招聘需求数量。一方面，针对当前有效需求不足的局面，需要政府强化宏观经济政策，通过降准降息等具体措施，努力扩大总需求，推动经济增长，带动整体就业岗位的扩大；另一方面，各级政府要继续保持就业促进政策的稳定性，持续推进各类促就业的行动计划。

二是应推动高校毕业生就业岗位信息采集和发布工作。大学生就业职位空缺数量和份额以及 CIER 指数等实时的劳动力市场信息对于社会各界了解就业市场具有重要意义。明确的市场需求信号不仅能增加高校毕业生的就业机会，而且将有效引导教育部门调整人才培养方向[1]。

三是要探讨建立科学的分类高校评价机制。迄今为止，各高校均一味追求论文发表和学历升级，这导致高校对人才培养重视不够。很大程度上，这源于政府对研究型大学与技能型大学的评价未能很好地区分。实际上，研究型大学和技能型大学应有不同的绩效衡量指标，对于技能型高校，应该把促进就业（特别是提升实用技能）作为最重要的评价指标。

四是要鼓励金融机构承担社会责任。鼓励高校与金融机构合作，给不同群体的毕业生提供培训和实习机会，帮助毕业生获得必要的就业能力，并为提供实习机会的金融企业提供资金支持，为签约高校毕业生的企业提供更多的政策支持。联合金融行业协会以及金融咨询公司等机构，共同为青年提供有效的技能培训，如为希望考取证书的学生提供免费的培训课程等。

五是调整金融及相关专业毕业生数量和结构，缓解供给压力。研究表明，一方面是金融业招聘需求的收缩，另一方面则是金融业求职人数的不断增加，这自然加剧了本已严峻的高校毕业生就业的形势，致使金融业 CIER 指数降至历史低位。教育部门应下决心压缩不具备办学条件（特别是金融及其相关专业就业率差）的院校的招生规模，及时采取调整办学内容和方向等控制无效供给的措施，维持金融业高校毕业生就业市场供求的基本平衡，避免供求严重失衡造成的人力资本投资失败和青年人力资源的巨大浪费。

六是要完善立法、司法、执法的衔接[2]。部分用人单位无视

[1] 朱步楼，庞波，曾湘泉，等. 怎样缓解高校毕业生就业难 [N]. 人民日报，2009-06-17（7）.
[2] 曾湘泉. 反就业的理论思考及对策 [N]. 工人日报，2022-04-18（7）.

公平性和科学性原则，在招聘活动中加入歧视性条件，这与目前相关立法和司法工作滞后以及由此带来的招聘歧视违法成本还比较低有关。尽管《中华人民共和国就业促进法》专列了公平就业内容，但注重原则性，执法的可操作性不强，如对歧视内涵没有明确规定，一些突出的招聘歧视行为未纳入其中，由此导致识别和判定歧视缺乏依据，难以有效执行。劳动人事争议仲裁委员会或基层劳动仲裁法院依据的《中华人民共和国劳动争议调解仲裁法》和《劳动保障监察条例》，均以劳动者与用人单位签订劳动合同、建立劳动关系作为前提，对招聘过程中的就业歧视并未给出明确规定。当前和今后一段时间，反歧视工作的重点应是制定与招聘相关且具有程序性和可操作性的条例。增加反歧视法规、条例，或在现有法规基础上进行补充和修订，拓宽对现有就业相关法律的立法和司法解释范围。借助现有劳动人事争议仲裁委员会和基层劳动仲裁法院，推动各项反就业歧视条款的落实。为稳妥起见，可考虑启动反歧视准司法实践试点，受理关于包括招聘在内的所有与工作场所相关的就业歧视案件投诉等，并及时提起民事诉讼或行政调查。

6.2.2　学校及其就业指导中心

一是引导学生树立正确的就业观念。对高校就业指导中心而言，当前学生考研、考公较多，慢就业问题日益突出。主要原因除了金融业的发展压力越来越大之外，家长和学生中存在的一些固有的错误的就业观念也是导致学生慢就业的重要原因。某金融机构人力资源负责人表示，学生的单一化思维比较严重：一种认为金融销售类岗位与传销类似，要从身边人下手，业绩压力巨大；还有一种认为金融机构可以接触机构客户、拜访上市公司高管，可以实现财富自由。这些错误观念是导致学生不愿意进入金融业就业或者盲目进入金融业就业的重要原因。高校应该引导学生树立正确的就业观念，充分了解期望职业，促进学生积极就业。

二是在金融业职位信息方面给予学生及时支持。职业发展是学生十分关注的问题，但学生的信息获取渠道较窄，通常仅仅依靠高年级毕业生了解个别岗位，对于职业和岗位定位的了解非常模糊，不了解金融业的整体职位体系。高校应通过开展形式多样的讲座、就业大赛等，普及金融业的概况及职业发展路径，增加就业方向的指引，使学生对于金融业的职位有更加全面的了解。同时，要建立金融业人才培养信息管理系统，通过收集整合金融课程、竞赛、学业、实践等方面大数据，对金融专业高校毕业生进行分层、精准、个性化指导，帮助其评估金融业就业选择路径、收益与风险等。

三是应致力于提升学生与工作岗位的匹配度，提升金融相关专业人才素质和能力。要在明确市场对金融业人才培养需求的基础上，积极构建金融业人才培养素质模型，并紧贴产业数字化新趋势，修订和完善专业人才培养方案。一方面，高校应提高金融课程的实用性，确保教学内容与金融业的实际需求相符。虽然目前金融业在前台岗位的招聘需求最大，占比70%左右，中台、后台以及其他各占比10%左右[1]，但随着金融科技的迅猛发展，金融业对技术驱动型人才的需求不断增加。要加强金融相关专业学生"以数字化能力为导向"的能力培养，提高其数字素养等综合能力。学校应当适时调整课程内容，开设案例分析和模拟交易等实践类课程，培养具备数据分析、人工智能、区块链等技术背景的毕业生，以满足市场需求。另一方面，要针对重概念、轻实践的顽疾，推动构建包括沟通、交流、分析、组织、团队协作、创新、责任心、成就动机、服务意识、自信力、承受压力、全局意识、职业道德等软能力在内的多种能力清单，重视包括团队活动在内的社会活动经历，从

---

[1] 根据智联招聘上金融业的招聘广告统计得出。

而间接提高学生的软技能水平，实现高校能力培养体系的优化。

四是应聘请业内导师，为学生在金融业实习提供帮助。实习经验能够为毕业生提供实际操作的机会，让他们更好地了解行业内的运作和挑战。同时，大力推动课堂教学改革，努力实现教师与学生课堂身份的根本转变，倡导教师扮演"教练员"而非"演员"，学生扮演"运动员"而非"观众"。业内导师如果能在实习过程中予以一定指导，将大大提升毕业生的实际工作能力和在就业市场的竞争力。

五是要积极和企业对接，鼓励金融企业为大学生提供业务和管理相结合的"专业实习"和"就业见习"岗位。充分利用"互联网＋就业"模式，汇聚优质企业资源和招聘岗位，继续为未就业毕业生，特别是困难家庭的毕业生提供就业咨询服务和精准帮扶等。

6.2.3　金融机构

一是金融企业也要把稳就业提高到国家战略高度通盘考虑，积极挖掘就业潜力，探讨各种政策利好，促进高校毕业生金融业招聘需求扩大，缓解宏观经济下行对高校毕业生金融业需求造成的冲击和不利影响。

二是注重软技能的考察。金融机构在招募初级候选人时不能仅仅考虑学历和学校因素，相较于学校是否属于"双一流"等因素，各金融机构应更加关注考察应聘者的硬技能和软技能。要建立科学有效的素质模型，强化应聘考察的科学性和公平性，大力提升人岗匹配的效率。有条件的企业应增加校企联动，共建学生培养基地，既能提高学生的各项能力，也可以为企业提前锁定优质生源。

三是金融业用人单位要加强科学的人力资源管理。对于高校毕业生入职后不久就选择离职的问题，除了个人对于岗位职业的定位、理解存在认知偏差外，还有公司赋能端的原因。企业对新员工的培养应从基层做起，积累经验，畅通上下交流渠道；金融机构负责人应在管理方式上进行提升，避免因管理方式简单粗暴、员工压力大以及业绩差等导致人员流失问题。

四是破除劳动力市场歧视。"要男生不要女生""35 岁以下""硕士以上学历""'985 工程'学校"和"'211 工程'学校"等招聘条件都成为金融企业招聘宣传的常见要求。招聘广告中充斥着大量歧视性的条件要求，而对最重要的任职资格，如硬能力或软能力等，则很少提及。用人单位片面地将学历与招聘挂钩，向社会发出了错误的用人信号，进一步加剧了就业市场结构矛盾。为此，需要大力倡导组织人事工作是一门科学的理念，切实推动人力资源管理队伍的专业化和职业化，努力形成用人不讲出身、评价破除"四唯"、管理层次上升、投入产生效益的良好局面，进而真正破除就业歧视，最终实现创新驱动和组织竞争力提升的目标。

值得一提的是，保险业应该加强雇主品牌建设。注意纠正公众认识误区，使公众明确意识到：保险业不仅涉及索赔，更是一个重要的金融风险管理行业，保险业也能够提供丰富的职业发展机会。因此，加强雇主品牌建设有助于吸引更多优秀人才加入保险业，共同创造保险业更加繁荣的未来。

6.2.4 高校毕业生

一是树立积极的职业成功观。金融及其相关专业毕业生应加强思想政治教育以及人生观和世界观的教育，改变做大官、挣大钱、"学而优则仕"等错误观念，树立"行行出状元""将工作做到极致"等正确的职业成功目标。高校毕业生可以尝试从基层工作做起，转变就业观念，合理调整就业预期，努力改变"慢就业"和"不就业"等不利于个人职业长期发展的状况。

二是对高校毕业生而言，在校学习期间应采用多种方式增长金融业所需的专业知识，提升工作技能。通过对财务和法律等相关课程的学习，取得 CPA 等资格证书；通过课堂汇报展示，提升自己的沟通和表达能力；通过小组项目或志愿活动工作，大力提高团队协作能力；通过阅读财经新闻，保持对金融业发展和法规的最新了解；高度重视文书写作，大力提升个人的文字表达能力。学生应注重自我驱动，充分运用目前能够享受到的线上线下学习资源，形成个人发展的学习地图，让自己成为既懂专业又能实践操作的复合型人才。

三是寻找适合职业发展的实习。研究表明，对于高校毕业生来说，与工作相关的实习的确十分重要。实习过程是毕业生与公司双向了解的过程，通过实习可以减少学生对职场的认知差异，获得使用万得（Wind）等金融工具的经验，提升研究报告的撰写能力，并能够尽快了解并适应职场环境；企业通过实习则可以较为准确地考察毕业生的各项技能，特别是提高对毕业生软技能的识别精准程度。为此，毕业生要选择适合自己的实习，避免陷入"刷实习经历"的误区。要根据自身职业发展，在实习过程中，重视熟悉未来的工作领域，积极展示并提升个人的各种技能。

四是要紧跟社会需求。面对大学生就业市场供求分化叠加的环境，金融相关专业高校毕业生不仅要关注当下，更要多一些对行业前景和国家政策需求的研判，努力提高自身技能，特别是积极提升适应企业数字化转型的相关能力，以应对金融业就业市场压力上升带来的机遇和挑战。

金融业优秀毕业生案例

提前完成身份转换，平稳顺畅适应职场

——入职某银行的一位优秀毕业生的建言

一、个人情况

史同学 16 岁赴美读高中，本科毕业于美国某大学工商管理专业。本科毕业后，他先在北京某银行从事柜员工作，又在一段时间后辞职前往英国某大学金融与商务分析专业深造。研究生毕业后，他就职于北京某银行柜员岗位，目前在该银行人力资源部工作。

史同学的留学经历塑造了他的性格和能力。高中时，他通过交换生机会到美国教会学校就读，在没有亲友照顾的异国他乡，未成年的他寄宿在白人家庭，需要独自适应美国的生活习惯，学会照顾自己。进入大学后，他开始独立选择和探索自己的人生道路，没有人再为他指引方向。这些经历都对他的独立能力、人生观和价值观造成了很大影响。

二、求职经历

由于在国外生活的时间比较长，所以史同学回国后比较迷茫，

对社会现状和自己的职业发展都没有清晰的认知。通过"海投"简历，他在北京某银行从事了一段时间的柜员工作，但单调重复、缺乏挑战性的工作状态并不适合他，于是他最终选择辞职出国读研。研究生毕业后，史同学再次进入求职市场，他想尝试一些更有挑战性和发展空间的岗位，如信托、基金、证券等，但录取情况都不如人意。他当时比较沮丧，感觉一年多的读研时间白白浪费，但考虑到本年度求职季已经接近尾声，他不愿意再浪费一年时间等待，于是最终选择接受了某银行北京分行的柜员岗位。史同学认为当时的自己存在着眼高手低的问题，对自身能力和市场的竞争水平都不太了解，这导致了他求职过程中的失败。

幸运的是，史同学在入职后不久，就获得了转岗的机会。银行人力资源部产生了职位空缺的情况，需要从公司内部进行选聘。优秀的沟通表达能力和沉稳的性格使得史同学被部门领导赏识，他得到了进入人力资源部工作的机会。在人力资源部工作期间，他吃苦耐劳、善于思考、灵活变通的性格和出色的学习态度也为他带来了转正的机会。

三、 求职优势

史同学认为自己的优势在于比同龄人更加成熟，更加了解自己，在工作岗位中能够更快地适应职场的规则，这些软技能帮助他获得了更广阔的发展空间。基于此，他还建议求职者积极和社会接触、多锻炼自己、打破自己的舒适圈、挑战自己的极限，这些方法有助于提升求职者的综合素质。

此外，成长过程中的挫折也对他有很大的影响。他刚去美国时，英语还不是很好，而成绩达不到考核标准就会面临被终止学业遣返回国的后果。他不得不靠自己记下生词，通过课后查字典反复记忆和与寄宿家庭交流的方式提高英语能力。转岗后，他在人力资源部的工作中也遇到了挑战，非专业出身导致他对很多知识和流程都不熟悉，接手工作的难度特别大。一方面，他向同事和老师学习人力资源的知识，并回家后自学相关书籍；另一方面，他还联系了以前从事该岗位的同事，想方设法向他请教问题，尽快熟悉工作流程。正是这种不想轻易失败的信念和顽强坚持的韧性支撑着他克服困难，在挫折中学习成长。

四、 求职建议

史同学基于自身经历和人力资源部的工作经验对高校毕业生提出五个方面的求职建议。

第一，对于银行工作而言，软技能相较于硬技能更为重要，尤其是沟通表达能力、责任心、抗压能力等特质。文书写作等专业技能体现的是求职者积累的经验和能力，而软技能体现的则是工作成果的输出能力。因此，高校毕业生需要多锻炼自己的沟通表达能力、学习能力、工作责任感等软能力。

具体而言，沟通能力和抗压能力是高校毕业生相对欠缺的两个方面。沟通能力包括换位思考、柔和地传达任务和意见，并考虑到对方的接受程度和理解程度等方面。抗压能力则是指能够承受工作压力、应对工作挫折，以及控制情绪的能力。目前，高校毕业生可能对沟通技巧的重视程度不够，或者在互相理解达成共识的能力方面有一定的欠缺。此外，高校毕业生的责任心和内驱力也因人而异，有的学生非常努力，而有的学生却选择"躺平"。培养沟通能力和抗压能力，引导学生正确对待加班和责任心等问题，是提升高校毕业生职场竞争力的重要途径。

第二，高校毕业生应该尽可能多地进行实习，以深入了解不同公司和不同岗位之间的差异和要求。通过实习经历，高校毕业生能够对个人的能力和在求职市场上的定位有一个相对清晰的认知，有助于找到更加匹配的岗位。同时，实习也是深入了解公司的最佳途径之一，因为通过实习，求职者能够真实地感受企业的工作氛围、具体业务，并且学习到一些业务知识。此外，实习也为与不同岗位、不同部门、不同层级的人接触和交流提供了机会，能够在这个过程中获取更多关于招聘和入职后真实情况的信息。因此，建议金融业求职者尽量多在几家银行或其他领域的企业进行尝试，以便发掘适合自己的岗位。

第三，高校毕业生在求职过程中普遍存在认知不清晰的问题。近年来，高校毕业生的专业能力愈发扎实，但他们对社会了解有限，对应聘的企业和岗位了解不深，甚至对自身的认知也不足，这导致高校毕业生处于相对迷茫的状态。这一现象背后的原因在于他们尚未真正独立融入社会，缺乏生活和工作经验。企业招聘的目标是解决工作人手需求，或者解决岗位在未来发展中的问题，因此，高校毕业生在投递简历之前应该评估自己的实际技能和专业技能的优势是否符合企业设定岗位的核心评价标准，以及若不符合，自己还需要哪些技能。

因此，高校毕业生有必要深入思考并探索上述问题。一方面，在校期间可以积极参与实习和社会实践等活动，增加对社会的接触和融入；另一方面，应当主动承担一些具有挑战性的任务，从而对自己有更深刻的了解，找到适合自己的职业发展方向。学校提供了一个成本较低的试错平台，应该充分利用这个机会。

第四，高校毕业生在求职时应当调整心态，提高将专业知识应用于实践的能力。学历贬值促使更多人选择读研，提升自身专业能力，但如何将专业知识应用到实际工作中仍是高校毕业生需要摸索的问题。以营销类岗位为例，在营销过程中将专业能力与实际营销结合才能实现从专业能力到实践的重要转变。

此外，银行招聘中的营销类岗位实际上存在巨大的需求缺口。

许多高校毕业生出于对该类岗位的认知误区和心态误区，不愿从事这一领域，常常对营销工作抱有抵触情绪，认为其工作压力较大。这一现象既与社会环境相关，也与学生的心态有关。随着学生在校园中停留的时间越长，他们越来越脱离社会，对自己的期望也越来越高，与职场的现实差距也逐渐加大。

第五，高校毕业生在身份转换方面存在不足，进入企业后需要适应整体职场环境和语言。例如，学生对于社保、公积金、五险一金以及晋升、提拔等的认知也相对模糊。这一问题并不能通过实习来解决，因为实习的主要作用是让学生提前接触职场环境，但并未系统地教授如何应对这些问题。实习指导老师的重点更多地集中在完成工作上，学生主要通过日常沟通、相处和交流自我探索和学习。如果高校毕业生能够在学校的帮助下提前完成身份转换，可能会更为平稳顺畅地适应职场，更加了解社会和职场的运作规律，这在面试中将是一个非常大的优势。

重视实践经验积累，缩小校企能力鸿沟

——入职某保险公司的一位优秀毕业生的建言

一、 个人情况

吕同学是国内某"985 工程"学校的硕士研究生，本科专业是信息管理，硕士专业为人工智能。在校期间他有丰富的学生工作经历，持有优秀学生干部、优秀共青团员等近十张荣誉证书。在实习方面，他曾在学校担任了两年辅导员，此外还有两段国企实习经历，主要从事党建和综合管理相关的工作。

二、 求职经历

在求职时，吕同学的求职方向主要包括金融类央企、实业类央企的总部或二级子公司，以及公务员等。他认为，精算类专业和保险学专业的同学选择进入保险业的动因都是很明确的，而管理、计算机、财务等领域的同学大多是因为职业偏好，在机缘巧合下进入保险业。他拥有事业单位工作经验，对此类工作环境较为喜欢，这是他选择保险业工作的动因。

在入职后，他迅速体验到保险业的高度规范化管理，同时，他逐渐深化了对保险业的价值认知，例如，北京推出的"惠民保"项目在百姓生活方面发挥了积极的保障作用。因此，吕同学强调，保险是一个十分必要的行业，社会现阶段对保险业的看法应该更加理性。

三、 求职优势

吕同学在求职时以投递综合管理岗为主，他成功入职的关键和工作保研经历相关，两年的工作对他的思维方式和行动方式有非常大的影响，这导致他的能力契合央企、政府机构等单位综合管理岗位的要求。这也反映出工作能力需要在实践中培养。吕同学认为写作能力对于干部监督类、干部规划类、战略规划和巡视纪检等综合类岗位而言是非常重要的，在校工作期间经常撰写文字材料的经历对他的锻炼作用很大，他的文字修饰和语言表达能力都有非常大的提升。

四、　求职建议

第一，对于保险业工作中重要的技能，吕同学分两类岗位进行分析。一类是精算、财务等专业类岗位，其中重要的专业能力包括数据分析、计算机建模等。在保险业中，如何有效地运用资金是至关重要的问题，公司需要通过计算和建模等数据分析方法预测未来的趋势，从而制定方案。因此，数字化和数据分析能力对于专业人才而言尤为重要。另一类是人力资源、办公室管理和战略规划等综合类岗位，在这些岗位中，沟通表达和问题解决能力被认为是最为重要的技能，因为这类岗位的核心在于与人进行有效的沟通，因此，认知能力、表达能力和执行能力在这类岗位中更为重要。此外，吕同学也提到了抗压能力的重要性，但他认为工作压力的根本来源在于对工作内容的不熟悉和不了解。企业需要积极引导员工，员工也应深入了解工作内容，通过更多的实习积累工作经验，这种实践经验的积累对于应对工作中的各种情况至关重要。

第二，实习是求职成功的关键一环，这一点在应聘过程中也得到了体现。实习经历不仅代表着同学们对选择的行业的了解和兴趣，更体现了他们能够适应该行业的工作方式和环境。将实习中学到的技能应用于实际工作的能力尤为重要。实习是同学们在学校积累经验、与企业需求进行匹配的关键过程，涉及思想、能力、行为等多个方面。特别是在大型机构进行实习的经历，往往为同学们的能力提供了有力的背书。

对于精算、财务或计算机等专业的同学而言，要重视同行业的实习经验，在多实习的同时提升自己的专业技能，将其作为技术类岗位发展的基础。对于希望从事综合管理类岗位的高校毕业生，通过实习了解自己的兴趣和优势以及自己与整个行业之间的思想差异，思考是否能够适应和接受这些差异，也是至关重要的。

第三，求职时要做好专业准备和心态准备。专业方面的准备包括思想上、能力上和行动上的准备，高校毕业生要明确自己想要从事的工作的类型，尽快确定职业方向，并寻找相应的实习机会，提高专业水平和竞争力。心理方面的准备指的是在激烈的求职环境中，高校毕业生既要有继续前进的信心，也要有接受失败的勇气。

第四，慎重选择暑期实习方向，广泛投递秋招岗位。在进行暑期实习申请时，建议同学们确保选择的实习岗位与个人的求职方向相契合。这是因为在招聘过程中，公司通常会默认暑期实习的求职方向和内容是与个人未来希望从事的工作的方向一致的。例如，如果一个同学希望从事干部管理工作，最好选择申请某单位的干部管理或相关岗位进行实习，而非人力资源的项目，以确保实习经历更加有针对性。在秋招时，建议同学们广泛投递简历，不要过于局限投递的范围。公司的招聘计划是随时都有可能变化的，高校毕业生要尽量拓宽思路，抓住更多的机会，以增加成功的概率，从而更有可能获得较好的求职结果。

第五，高校毕业生实际拥有的技能与用人单位的期望存在显著差距。吕同学提到，学校的课程通常偏离实际需求，更注重基础知识，而实际工作所需的技能在单位的具体实践中才能真正掌握。这种割裂现象在统计、精算和计算机等专业中表现得尤为明显，即使同学们在校期间参与过导师的项目，这种情况也难以得到很好的缓解。由于学生不是企业内部人员，企业出于保密性的要求，不会向实习生或学术团队开放所有访问权限（如代码库），这使得学生在工作中难以了解企业的实际运作方式。学校可以对企业的实际项目进行简化，向学生传授更接近实际的经验，以缩小校企之间的鸿沟。这种脱节是一个相当严重的问题，并且会反映在应聘过程中。因此，在校期间，同学们不仅要重视专业理念和思维上的提升，还应该注重实践和实习经验的积累，这是一个与社会接轨的过程。

专业知识融通业务，明确选择充分准备

——入职某保险公司的一位优秀毕业生的建言

一、 个人情况

王同学本硕都就读于北京某大学保险专业，毕业后进入某刚筹备成立的保险公司任职，并于三年后离职自主创业。创业两年后回到保险业务类岗位任职。在王同学的整个工作经历中，一直都从事着保险业务相关工作。

王同学在校期间并没有进行实习，而是写论文较多，曾经在保险类论文竞赛中拿到一等奖，并在硕士毕业后选择直接进入保险业就业。

二、 求职经历

王同学本硕学习的都是保险学专业，毕业后一方面没有进入银行等其他行业的意向，另一方面还是希望能够从事和所学专业相关的职业，因而选择了在保险公司任职。

在进入保险业一段时间后，王同学逐渐认识到保险业的优势所在，尽管在刚入职时保险业的工资可能会低于银行业，但是员工在总公司接触到的工作内容会更多，职业晋升空间也更广，而且保险业相较银行业还是更为看重个人能力和业绩的。

王同学认为，由于保险原先的销售性误导，保险业在社会上的口碑并不是很好，很多人会将保险和销售画等号，但实际上总公司内勤和销售还是有很大的实际差别的。

三、 求职建议

第一，对于保险业工作需要的技能，王同学指出公司在面试时重点关注的是写作能力和沟通表达能力。写作能力、学习能力和逻辑能力是比较重要的，这些能力会在毕业论文中体现出来，因而在面试时也会涉及毕业论文相关问题。同时在业务层面，沟通能力以及对问题和行业的认知能力非常关键，员工在和客户交流的时候，不能局限于产品，还要了解行业的综合情况，这对综合素质的要求比较高。

此外，公司还会关注以下三方面能力。首先是文字表达能力，在保险业需要撰写大量报告，因而建议高校毕业生在校期间注重实际的报告写作训练。其次是数据分析能力，能够熟练运用 Excel 等常见应用也是必备技能。最后是责任心，这对于高校毕业生来说也是很重要的。此外，英语能力在合资公司和对外事务方向中较为重要，但中资公司的要求较低。

目前，王同学发现高校毕业生在写作能力、逻辑能力、责任心、团队合作能力等方面还是有所欠缺。较短的面试时间使得公司难以对应聘者进行充分的考察，而且不同学生的悟性和举一反三的能力也存在差距。业务工作从业者需要对各方面知识都有一些了解，这样才能更好地和客户沟通。

第二，进入保险业工作的高校毕业生要了解保险业务的具体内容。很多学生对于保险的理解比较浅薄，并不知道保险公司的具体架构。即使对于人力资源和计算机技术部门的员工而言，也需要了解保险相关知识。只有懂业务的员工才能更好地将公司需求与专业能力结合起来，达到复合型人才的要求。

第三，由于疫情原因，保险公司对实习的看重程度有所下降。保险专业学生在学校中已经学习了专业知识，在工作中能够迅速适应新任务，即使最初对一些概念不了解，学习和接触几次，也能迅速掌握。但对非保险专业的学生来说，了解行业的最快途径就是实习，否则在工作前期可能需要通过专业书籍和网络来学习专业知识。

第四，高校毕业生要明确自己的选择，保险业岗位的专业性比较强，高校毕业生需要提前学习专业知识并考取相关证书。沟通能力强的人可以考虑向业务方向发展，业务类岗位也能够提供很多锻炼和发展的机会。对于财务类岗位来说，证书则比较重要，因为这体现了应聘者的专业能力。总体来说，高校毕业生应该明确自己的发展方向并积极进行针对性准备。

如果高校毕业生还没有比较清晰的想法，那么在研究生阶段最好多进行学术研究，针对感兴趣的领域进行探索，学术论文写作的经历会塑造解决问题的思考方式，培养逻辑思维，这对于未来求职也是有益的。

第五，在面试应聘者时，大公司往往要通过多轮面试优中选优，而小公司的录取概率则相对大一些。实际上，高校毕业生在小公司中反而会了解更多的工作内容，因为人员较少，每个人可能要承担多个岗位的职责，可以在几年内对整个部门的工作有深入的了解。相比之下，大公司中锻炼的机会较少。因此，对于想要在短时间内快速成长并且肯吃苦的人来说，小公司是一个不错的选择。

勤于思考提升能力，转变认知适应职场

——入职某证券公司的一位优秀毕业生的建言

一、 个人情况

李同学本科就读于某财经院校非金融类专业，硕士就读于海外某大学管理学专业。在校期间，曾在投行和资管公司进行过实习，其余实习经历也均与证券业有关。

二、 求职经历

李同学认为证券业是具有很大成长空间的行业，本质是通过信息优势、牌照优势或者工具优势来促成交易的达成。一方面，李同学对证券业的工作比较感兴趣；另一方面，他的本科学校对证券业的关注度比较高，接触到的相关信息也比较多。这两方面因素使得他最终选择进入证券业就职。

李同学认为自己在入职后进行的也是资源整合的工作，通过自身的信息优势和专业性，为客户提供不同视角下更丰富的信息，这与他入职前对证券业的认知是一致的。

三、 职业认知

李同学目前担任客户经理一职，他的主要职责是拓展客户并为客户提供优质的服务。在工作初期他主要服务个人客户。

李同学认为，客户经理的工作更具挑战性，在辛苦的同时也会带来很大的成长空间。客观的考核指标（销售业务数量、创收金额）会给新入职的高校毕业生带来很大的压力，为了达到工作目标，高校毕业生不得不迅速成长。李同学强调，高校毕业生要改变对于工作的认知，将工作视作自己的事业而非职业，对它有一定的认同度和热情，认真思考自己在行业中发展应当具备的能力和积累的资源，从而对自己的职业路径有清晰的认知。只有将工作视为事业的人才会付出大量努力去提高专业能力，获取更多的客户资源。员工应当出于自身发展的心态从事工作，这样才会迫使自己有更广阔的视野和更多的付出，从而获得更大的提升。

关于客户经理的转型方向，李同学指出，在最直观的方面，客户经理的业绩越好，职级也会越高，收入也会随之上升，在行业中的积累也逐渐增多，这是在客户经理序列中的上升路径。同时，很多公司中都会有管理职能岗位的设置，客户经理未来也可能会转变为管理角色，并在管理岗位上逐步提升层级，但这不是必然的发展途径。此外，在不同券商公司中也会存在跨部门调动的机会，由于员工某方面的突出表现或者综合能力强，员工可能会得到转岗工作的机会。总体而言，李同学认为客户经理的发展路径还是比较多元的。

四、求职建议

第一，对于证券业需要的能力而言，共情能力和资源整合能力至关重要。共情能力指的是体会到不同的人想表达的内容，然后从中找到破局点和妥协点的能力；资源整合能力则指将现有信息更好地整合到一起，发现新商机或促成某项交易达成的能力。数据分析能力对前台客户经理等岗位比较重要，但对于其他岗位来说重要程度并不是很高，这可能与大公司丰富的专业支持人才储备有关。

此外，李同学认为自驱力、沟通表达、执行能力、创新能力等软能力是金融业更加看重的能力。以客户经理为例，它是业绩驱动的岗位，需要很强的综合素质。业绩指标会带来很大的压力，而这个岗位的过程指标又非常分散，在实现目标的过程中，员工需要有把工作做好的自驱力，清晰地了解自己的发展方向、目标客户群体等。责任心也是很重要的特质，即使在项目完成之后也要持续对客户进行服务，没有责任心的金融从业者是很难获得持续性的绩效的。表达能力和执行能力的重要性不言而喻，这两方面的能力能够帮助员工找到博弈中的均衡点，使得他们在业务执行和反应速度上相较同行更为出色。创新能力主要体现在解决客户需求上，优秀的客户经理会整合不同的业务工具，进行一些资源的改变来满足客户的需求，甚至进一步挖掘客户的潜在需求。因此，李同学认为客户经理需要的软技能还是非常全面的。

第二，李同学指出金融业普遍注重员工的学习能力，这是适应行业创新和新工具的关键，但出色的学习能力并不一定与毕业于名校直接相关。学习能力一部分来源于先天，另一部分可以通过后天的努力来提升，思考是提升学习能力的关键，在工作中要多思考，而非多做少想。

第三，实习能够为求职者带来能力和机会两方面的提升。一方面，实习是了解行业和所需技能的重要途径，如果不进行实习，通常很难真正了解公司的运作模式和每个岗位的具体工作内容，如主要处理的事务、向上汇报的对象、面向的领域等。另一方面，对于想要进入证券业工作的学生来说，实习是至关重要的敲门砖。实习经验对于找工作而言至关重要，证券业通常需要应聘者具备相关实习经历。没有类似经历，可能会增加参与秋招的难度以及求职压力，使得高校毕业生进入证券业变得更加困难。

具体而言，实习宜早不宜晚。基础实习只是需要做杂活的员工，如打印文件、搜索数据等，这些工作并没有明显的专业限制，所以建议尽早开始实习。同时，当通过"海投"获取实习机会的概率比较小时，建议利用好自身、学长学姐和学校老师的资源来获取内推机会，提前学习金融业的资源整合方法，从而在求职时获得更大的优势。金融业的实践经验是至关重要的。在实习初期，学生可能会感到非常辛苦，但是也会迅速提升自己的硬技能。在此过程中，学生会认识到自己需要学习的内容，以及如何将这些知识应用到实际工作中，这是进入证券业的基础。

第四，应届生要做好求职的前期准备，可以先将证券从业资格证、CPA、CFA等证书准备好，并参加托福或者雅思考试提升自己的英语能力。这些内容的准备一方面有利于学生获取实习机会，另一方面也会在求职时给予学生更大的信心。在此基础上，学生需要的是更多的信息暴露机会。利用家庭资源、学校资源和校友资源来获得一些较好的实习机会或者工作机会，学会充分利用身边的资源。将社会中的资源转化为自己可利用的资源，这正是金融业需要的核心能力。

第五，高校毕业生需要转变心态认知，适应职场节奏。李同学发现部分高校毕业生存在身份转变方面的困难，而且这与在校成绩的优劣无关，关键在于是否有意识地去思考并认识到身份转换的必要性。很多学习能力强、成绩优秀的学生过于熟悉学校内的思维框架，在职场中一味地要求即时正反馈，但职场的正反馈往往是滞后且不稳定的。同时，很多高校毕业生处于被动接受任务的状态，并不会主动思考工作的逻辑和要求，也不会自发地将工作做得更为出色。此外，在沟通方面，职场中是无法选择沟通对象的，很多高校毕业生对此很难接受，他们不愿意和一部分难以沟通的对象交流，但作为乙方在工作中应当具备责任心和服务意识，这也是高校毕业生在适应职场节奏时需要注意的方面。

访 谈 提 纲

业务领导访谈提纲

（一）岗位情况

1. 结合（银行/保险/证券/基金）业的发展情况和您的工作经验，请您谈谈在当前行业中核心的岗位有哪些，以及这些岗位需要具备哪些职业技能。

2. 您认为（银行/保险/证券/基金）前中后台不同岗位之间的能力和素质要求是否存在差异？这些要求和其他金融业子领域的要求相比，有哪些不同？

3. 在金融数字化和普惠化的背景下，您认为（银行/保险/证券/基金）业的发展目标应该如何调整？（银行/保险/证券/基金）相关企业的组织架构和人员需求结构是否会因此发生变化？

（二）人才需求和供给

4. 在您看来，影响人才需求的因素有哪些？当前（银行/保险/证券/基金）业中哪些岗位的需求量呈上升趋势？

5. 在高校毕业生逐年增多的背景下，请您谈谈（银行/保险/证券/基金）业人才供给的现状和趋势。

（三）人才培养和发展

6. 请您分享一下，目前（银行/保险/证券/基金）业对于高校毕业生的培养体系是怎样的？

7. 请您谈谈（银行/保险/证券/基金）业人才在金融业内的发展前景和空间如何，以及他们未来可能面临怎样的职业转型机会。和其他行业相比，发展路径有哪些异同？

人力资源部门访谈提纲

（一）招聘需求情况

1. （银行/保险/证券/基金）相关企业在招聘高校毕业生的过程中，会采取哪些方式来考察求职者？这些方式分别重点考察了哪些能力和素质？

2. 您上述提到的学历、专业、实习经历、外貌以及学习能力和主观能动性等要素，在招聘过程中的重要性排序是怎样的？除此之外，您还会关注应聘者的哪些方面（如理工科背景）？在不同的岗位中，上述要素的排序是否会存在差别？

3. 不同规模的（银行/保险/证券/基金）相关企业对高校毕业生的需求数量和需求结构是否存在差异？春招和秋招是否存在差异？

（二）求职方情况

4. 结合（银行/保险/证券/基金）业的发展情况和您的工作经验，请您谈谈在招聘过程中竞争激烈的岗位有哪些，并简要介绍一下这些岗位的吸引力所在，如工作时间、职业发展空间、薪酬待遇、晋升通道等。

5. 您对从业人员流动情况的看法，包括流动原因以及如何补充这类人才。

6. 请您谈谈和其他行业相比，该行业吸引人才的优势与劣势。

（三）其他

7. 请您谈谈近几年高校毕业生的素质要求变化和求职竞争变化。您认为形成这种新的变化的原因有哪些？您预期未来的趋势将会如何发展？

8. 请您谈谈（银行/保险/证券/基金）业在人才供求方面存在的问题，如是否存在需求和实际招聘不匹配的问题等。

金融业优秀毕业生访谈提纲

1. 请介绍一下您个人的基本情况，如院校、专业、证书、职业经历等。

2. 谈谈进入金融业工作的动因。什么重要的人或事影响了您的职业选择？入职前后对该工作的认识是否有改变？

3. 就个人经验和体会而言，哪些技能对于在金融业工作较为重要？比如，数据分析、数字化工具应用、外语、文书写作等硬技能，或者抗压能力、自驱力、责任心、沟通表达、执行能力、创新能力等软技能。

4. 您认为高校毕业生的实际技能与企业期望技能之间是否存在差距？造成这种差距的主要原因是什么？学生在校期间如何提升这些技能？大家普遍认为实习很重要，您对此有何看法？

5. 对未来高校毕业生到金融业求职有何建议？求职前需要做哪些准备？对毕业生暑期实习申请、秋招求职等有何建议？

高校毕业生金融业就业
能力调查问卷

高校毕业生金融业就业能力调查问卷

您好！我们是中国人民大学中国就业研究所的研究团队，目前正在从事一项关于高校毕业生金融业就业指引的研究。感谢您抽出宝贵的时间参与本次调研。本问卷所列问题的答案均没有对错之分，仅需依照自己的理解和想法作答。本问卷仅用于研究分析，我们将对您的所有信息严格保密。

第一部分　能力要素及其评价方式

请在如下能力要素清单中，选择您所在岗位最重要的 1～3 项关键要素（硬技能和软技能各选 1～3 项，各项能力要素含义请参考表 4-1）。

类别 A：			硬技能			
1	数据分析		3	数字化工具应用	
2	文书写作		4	外语	
类别 B：			软技能			
5	沟通表达		11	自驱力	
6	团队合作		12	保密意识	
7	学习能力		13	耐心细致	
8	抗压能力		14	风险意识	
9	执行能力		15	职业操守	
10	创新能力				
如果您认为还有其他重要的能力要素，请在以下空格中补充：						

　　请根据以上选择的能力要素，选择较为合适的评价方式（请将能力要素的数字编号填入对应考察方式后的空格中，同一能力要素可以对应多种考察方式）：

A. 公共科目笔试		E. 无领导小组讨论	
B. 专业科目笔试		F. 心理素质测评	
C. 随机演讲、情景模拟		G. 实习	
D. 结构化面试（含半结构化）		H. 其他方式	

第二部分　新录用高校毕业生各项能力表现情况

请您根据近两年来本部门新录用毕业生的实际表现，对他们以下各项能力要素的整体水平进行评价。

编号	能力要素	对其表现的评价				
		差	比较差	一般	比较好	好
类别 A：		硬技能				
1	数据分析					
2	文书写作					
3	数字化工具应用					
4	外语					
类别 B：		软技能				
5	沟通表达					
6	团队合作					
7	学习能力					
8	抗压能力					
9	执行能力					
10	创新能力					
11	自驱力					
12	保密意识					
13	耐心细致					
14	风险意识					
15	职业操守					

第三部分　问卷填写人信息

您所在行业及岗位类型是＿＿＿＿＿＿＿

A. 银行：客户经理、业务经理、柜员、内控合规、风险控制、法务、运营保障、信息科技、人力资源、行政办公、计划财务

B. 保险：销售管理、保险客服、培训师、核保核赔、精算、内控合规、风险控制、运营保障、信息科技、人力资源、行政办公、计划财务

C. 证券：客户经理、卖方研究、投行、内控合规、风险控制、运营保障、信息科技、人力资源、行政办公、计划财务

D. 泛资管（含上述三类行业的资管部门以及基金行业）：销售、研究员、交易员、内控合规、风险控制、运营保障、信息科技、人力资源、行政办公、计划财务

您工作的单位级别是＿＿＿＿＿＿＿

A. 总部　　　　　B. 地区分公司　　　　C. 市县级

您从事金融业的工作已经有＿＿＿＿＿＿＿年

A. 1～3 年（含）　　　　　B. 3～5 年（含）

C. 5～10 年（含）　　　　　D. 10 年以上

您的受教育程度为＿＿＿＿＿＿＿

A. 高中及以下　　　B. 中专　　　C. 大专　　　D. 本科

E. 硕士　　　　　　F. 博士

您的性别＿＿＿＿＿＿＿

A. 男　　　　　　　　　　B. 女

您所在企业的性质＿＿＿＿＿＿＿

A. 国有企业　　　　　　　B. 民营企业

C. 股份制企业　　　　　　D. 外资企业

E. 其他

您所在公司整体员工规模＿＿＿

A. 1～99 人 　　　　　　　B. 100～999 人

C. 1 000～4 999 人 　　　　D. 5 000～9 999 人

E. 10 000 人及以上

感谢您对我们研究工作的大力支持！

图书在版编目（CIP）数据

金融业就业：供求变动、能力提升及求职指引/曾
湘泉等著. --上海：复旦大学出版社,2025.2.
ISBN 978-7-309-17713-8

Ⅰ.F832

中国国家版本馆 CIP 数据核字第 202469P3X8 号

金融业就业：供求变动、能力提升及求职指引
JINRONGYE JIUYE：GONGQIU BIANDONG，NENGLI TISHENG JI QIUZHI ZHIYIN
曾湘泉 刘 璇 等 著
责任编辑/李 荃

复旦大学出版社有限公司出版发行
上海市国权路 579 号 邮编：200433
网址：fupnet@ fudanpress. com http://www. fudanpress. com
门市零售：86-21-65102580 团体订购：86-21-65104505
出版部电话：86-21-65642845
上海新艺印刷有限公司

开本 890 毫米×1240 毫米 1/32 印张 5.375 字数 135 千字
2025 年 2 月第 1 版第 1 次印刷

ISBN 978-7-309-17713-8/G·2644
定价：98.00 元